そして、英語はあなたを変える

フォト&エッセイ 浦島　久

IBC パブリッシング

Skit

私の故郷・豊頃町を流れる十勝川の河川敷に立つ、
一本のハルニレの木。樹齢およそ140年。
長い間、町のシンボルとして愛されています。
父・浦島甲一は生前10年にわたってこの木を撮り続け、
地元では「ハルニレの写真家」と呼ばれるようになりました。
2001年に他界した父に代わり、
今は私が四季折々の姿を写真に収めています。
私はこの木を「英語の木」と名付け、
この枝振りのように英語の4技能（聞く・話す・読む・書く）を
バランスよく育てよう、と提唱しています。
父にとっても私にとっても、
ハルニレはなくてはならない大切な存在なのです。

Rebirth
Happiness

Still

Spark

Kiss

Memory

目次

第４章 飛び出せ、世界へ

カバーデザイン：岩目地英樹（コムデザイン）

JOY
SINCE 1977

まえがき

日本では、４という数字は嫌われています。でも私にとってはラッキーナンバーです。理由はわかりませんが、もしかしたら誕生日の12月４日から来ているのかもしれません。名前が「う」で始まるので学生時代は出席番号が４だったことが多く、また、列車の席やホテルの部屋番号に４がついていると「ラッキー！」といつも思っています。そして、24歳で始めたジョイが、64歳の年に、40周年を迎えました。

そうなると、この記念すべき年に何か特別なことをやりたいと考えるのは当然です。熟考の末たどり着いたのが、このフォト＆エッセイ集です。最近は忘れること、思い出せないことが多くなり、何らかの形で私がいままで考えたこと、やってきたことを残したいと思うようになりました。日本の地方都市で英語学校を経営する私のようなものがこんなことをして何になるの？ なんて考えもしたのですが、自己満足でもいいからやろうと決心しました。

いまではジュエリーアイス（十勝川から大津海岸に流れ着き朝日を浴びて宝石のように輝く氷塊）の命名者として全国的に注目されるようになった私ですが、最大傑作はやはり「ジョイ」だと思います。どこの町にもジョイという名前はあふれていますが、ジョイは私にとってまさにジョイ（喜び）そのものなのです。

← ジョイＡ館には1977の文字が。ジョイ・ストーリーはこの年から始まりました。

ジョイを始めた当初は、実は友だちと呼べるような人はあまりいませんでした。帯広は高校時代を過ごした町ですが、松下電器産業株式会社（現パナソニック株式会社）を辞めて５年ぶりに帰ってきたときは、ほぼゼロからのスタートだったのです。そんなときに知り合ったのが、レストラン「ランチョ・エル・パソ」の平林英明さんでした。手作りソーセージで知られる平林さんが経営するレストランには、常に面白い人々が集っていました。毎晩のように私も入り浸っては、いろいろな人と知り合うことができました。

もう一人忘れてはならない人が、佐藤寛次さんです。初めて会ったのはジーンズショップ。当時ジョイの仕事は少なかったので、私は帯広の雑誌社で広告取りのアルバイトをしていたのです。佐藤さんはその店の常連でした。以来、弟のように可愛がってもらっています。

これまでに英会話の本は30冊出していますが、エッセイ本は今回が初めてです。正確には１冊だけ英文エッセイの本『Keep Shining My Northern Lights』（ジョイ出版）を書いたことはあるのですが、これは自費出版でした。元来、私は文章を書くのは苦手です。そんな人間が40ものストーリーを書くのですから、大変な作業でした。これには、ジョイのスタッフの宮川しのぶさんが校閲だけでなくいろいろとアイデアも出してくれました。

写真も重要な要素を占めているこの本は、私にとって大きな挑戦でした。風景写真を撮り始めて７年になりますが、普段撮る十勝の風景はカラーで、しかも広大な大地ということで横の写真ばかり。それを今回はすべてモノクロ、さらに横ではなく縦の写真でそろえました。私の写真の師匠で写真家の戸張良彦さんと「写真工房」の岡田良博さんには、いろいろとアドバイスと再三のダメ出しもありがたく頂戴しました。

当初、この本のタイトルは『北の英語物語』でした。けれども、臼井栄三さん（元電通コピーライター、現北海道教育大学岩見沢校教授）に話したところ「売れないね！」と一刀両断。そこでダメもとで「40周年のお祝いにタイトルをプレゼントしてください！」と頼んでみると、快く引き受けてくれ、今回のタイトル『そして、英語はあなたを変える』を考えてくださったのです。

出版にあたり、引き受けてくれる出版社があるだろうか、というのが最大の問題でした。ところが、これまで３冊英会話本を出させてもらっているIBCパブリッシングの浦社長から「やりましょう！」という返答が！ とても嬉しい言葉でした。さらに予定になかったのですが、８ページにわたり私のライフワークであるハルニレの木のカラー写真を入れてくれました。感謝です。

40年間、本当にたくさんの人たちに助けられてここまで来ることができました。この本は、そんな人たちへの感謝のメッセージです。同時に、英語学習者、英語学校経営者、英語教育に携わるみなさんの少しでもお役に立てれば幸いです。

第1章
カントリーボーイの英語修行

9
開隆堂 英語 7002
文部省検定済教科書
JACK and BETTY
HAGIWARA · INAMURA · TAKEZAWA · TORII · NAYA
1
KAIRYUDO

1 JACK and BETTY

75点。これが私の最初の英語の試験の点数です。こんな私が今、英語講師として多くの人を教えたり本を出したりしているのですから、人生面白いものです。

故郷の北海道豊頃町には英語塾などというものはなく、中学1年生で全員同時にスタートを切りました。かなりやさしかったはずの最初の試験がこのありさまだったわけは、多くの人が経験したように、be 動詞と一般動詞が出てきたせいです。しかもイギリス英語の影響がまだ残っていたために、例えば「本を持っていますか？」が Do you have a book? だけでなく Have you a book? もまかり通っていた時代です。すっかり混乱してしまい、どうにもならないモヤモヤを抱えたまま中学時代を終えたのでした。

そんな私が英語を好きになったのは、帯広三条高校で出会ったS先生がきっかけでした。蚊の鳴くような声で一人一人当てて和訳させるのですが、わからなければ出席簿に「減点1」と記入するような先生で、その点では生徒にはあまり人気がありませんでした。

けれども2年生の後半になると、私は次第にS先生が今までの英語の先生たちとは違う、と感じはじめました。授業が終わると質問を携えて職員室に通うのですが、先生は私のどんな問いにも

← 中学1年生のとき生まれて初めて手にした英語の本。英語との出会いは、ワクワクドキドキでした。

的確な答えをくれたのです。「自分のわからないことを見つけるのが勉強だ！」ということに気づいたのはこのころで、それ以来、私の英語力は飛躍的に伸び、文法の試験はほとんど満点に近い点数が取れるようになりました。

ところが、英語ができると思っていたのは私のひとりよがりだったのです。修学旅行先の京都で、こんなことがありました。

田舎町で生まれ育った私には外国人を目にする機会などなかったので、アメリカ人が歩いているのを発見したとき、どんな名所旧跡を見たときよりも興奮しました。「一緒に写真を撮ろう！」仲間の一人が言いました。「浦島、話してみれ」別の連中が続けます。私は、頭の中で英文を作ろうとしました。でも、それが声にならないのです。

そのとき、誰かがカメラを指さして「カメラ、OK?」と叫びました。そして私は、10名ほどの同級生と２人のアメリカ人(そうだったのかは定かではありません。当時の私たちにとっては外国人はすべてアメリカ人でした) と写真に収まっていました。この一枚は今でも、悔しさとともにアルバムに残っています。

理系の大学を目指していた私ですが、スピーキングはともかく読み書きについてはＳ先生のおかげで得意になっていたので、それを活かせる文系に進路変更することにしました。それがなければ小樽商科大学へ進学することはなかったでしょうし、英語をさらに深く勉強することもありませんでした。当然、今の職業に就くことも100％なかったでしょう。

Ｓ先生について、こんな後日談があります。

ジョイを始めて数年が経ち、英会話の本も出していた私は、ずっとＳ先生にお礼を言いたい衝動にかられていました。通訳の仕事でたまたま訪れることになったある町に、意外にも退職後の先生が住んでいるというではありませんか。そこで、電話帳で先生の番号を調べ、勇気を出して電話してみたのです。きっと、私のような熱心な生徒のことは覚えていて、さらに「君の活躍は知っているぞ」などと言ってもらえるのではないか、と期待していました。

ところが、「あ、そう。覚えていないなぁ」。この返事に一気に期待はしぼみ、この電話をどうやって終えたらいいのかと困ってしまったのでした。人生にはそうそう映画のような感動的なシーンは起こらないものなのです。この意味でもＳ先生は私にとって忘れられない師の一人となり、それ以来ジョイに教え子から電話があったときはできるだけ好意的な対応をするように心掛けるようになりました。

そんな私の英語人生が本当に変わったのは、大学に入学してからでした。いま思えば、英語は私の初恋だったのかもしれません。

2 ESAがすべてだったとき

北海道大学に入らなくて（正確には、入れなくて）本当によかった！ 入試に失敗したおかげで貴重な青春時代を小樽で過ごすことができたのです。小樽商科大学に入学していなければ、こんなに長く英語とつきあうことはなかったでしょう。

当時の小樽商大には、小樽高等商業学校のころの古い校舎が一部残っていて、今にも伊藤整や小林多喜二が現れるような雰囲気が漂っていました。入学当初、将来は公認会計士か税理士になりたいと考えていたのですが、そんな考えをいとも簡単に消し飛ばしたのがESA（English Studies Association, 英語部）でした。今だになぜ入部したのかわかりません。高校時代、英語は得意科目でしたが、「英語を話してみたい」という欲求は微塵（みじん）もなかったからです。

きっかけを強（し）いてあげるなら、ある衝撃的な出来事が原因かもしれません。それは、初めて外国人講師による英会話の授業を受けたときのことです。彼の言っていることがチンプンカンプン。文法だけは人に負けない自信があっただけに、相当なショックでした。そんな私に近づいてきたのが、キャンパス内で新入生獲得合戦を展開中のESAだったのです。

足を止め話を聞いたが最後、まるでキャッチ・セールスの如（ごと）く

← バイトして買ったのがオリベッティのタイプライター。手離さずに残しておけばよかった！（写真は別のものです）

その場で入部させられてしまいました。小樽商科大学は商学部しかない単科大学ですが、まるで小樽商科大学英語学部に籍を置いたかのような私の４年間は、こうして幕を開けたのです。

私が入部したESAは、文化系というよりは体育系のノリのクラブでした。入部初日、市内を案内してくれるという先輩たちに連れられた20人余りの新入部員は、ワイワイガヤガヤ言いながら地獄坂（小樽商大へと向かう「商大通り」の通称）を下って行きました。映画館前の広場に差しかかったとき、突然一列に並ぶよう命令が。イヤな予感が背中を駆け抜けます。「出身校と名前を大声で叫べ！」。先輩から指示が飛びました。まず先輩が手本を見せてくれたのですが、まるで応援団のエールです。言われるがままに新入部員が一人ずつ一歩前に出て大声で叫びはじめると、いつのまにか周囲には黒山の人だかりが！

私は人前に出ると赤面症状態になってしまうような男でした。度胸がまったくなく、自分の意見もなく、自己主張も少ない人間だったのです（これではダメだということが自分でわかっていたのがせめてもの救いでしょうが……）。「おーびひろー、さんーじょーこうこー、しゅっしーん、うーらーしーまー、ひーさーしー」と叫びましたが、「声が小さい、もう一度！」と怒鳴る先輩。うまくやれたらやれたで今度は、「うまい！　もう一度聞かせろ」。集まった人にとっては格好のお笑いイベントです。

そのときは「何のためにこんなことやるの？」としか思えませんでしたが、これが後に大きな効果をもたらしたのです。その後も、合宿、他大学との合同イベント、コンパなどの際は必ずというほどエールをさせられ、その中で私はその効果を実感していきました。それは、英語を人前で話すには、恥ずかしがっていてはダメだということです。これは私のようなシャイな性格の人間には非常に大切なことでした。

ESAの活動は昼休みが中心でした。午前中の講義が終わるとすぐに食堂に行って昼食。そして、部員たちの集まる第２集会室へ。そこでは１週間のメニューが決まっていて、典型的なものは、毎日午後１時まではNHKラジオ『英語会話』(私が１年生のときの講師は松本亨先生、２年生から東後勝明先生に)のテキストを使っての会話練習。その後は曜日によってリスニングやディスカッション、というものでした。

けれども私は、入部と同時に自分の英語力のなさに嫌気が差していました。「話せない」「聞けない」「書けない」「読めない」の四重苦。それに比べ、クラブの先輩の英語は実に上手でした。「１年経てば２年生の先輩のように、２年頑張れば３年生の先輩のように、そして……」と信じてクラブ活動に精を出したものです。

生半可な気持ちではいくらやっても英語は上手くならない。このことに気づくのに時間はかかりませんでした。大学生になって最初にして最大の選択は、会計士への道を選ぶか(そのために商科大学を選択したのですが)、それとも英語の道を取るか。私は悩みました。そして、後者を選んだのです。今考えてみると、これは私の人生における最高の決断でした。英語は私の運命の扉を開いてくれたのです。

3 質問ができれば答えはわかる

大学1年生のときESA（英語部）の先輩から「英語が勉強できて、しかもお金になるバイトがある」という話が。それは外国人観光客のガイド業務でした。当時の北海道にはプロが少なく、各大学の英語クラブのメンバーがそれを引き受けていたのです。

もう時効なので正直に言います。当時の私は英検2級に合格したばかりで、会話力はお粗末なものでした。でも、「やれるならやってみたい！」と前向きに考え、ガイドグループに参加することに。けれども内心は「仕事がきたらどうしよう」と、ビクビクしていました。

運命の日。初めてのお客さんはニュージーランドからの団体客でした。千歳空港で彼らを迎え、バスで札幌のホテルまで連れていくという一見簡単そうな仕事です。ところが私は凍りついてしまいました。彼らの英語がほとんど理解できません。外国人と話した経験が数えるほどしかなかった私には、初めて耳にしたニュージーランド英語はまるで別の言語だったのです。絶体絶命の危機！

そのとき私は、ある大発見をしました。それは「質問すれば答えはわかる」ということです。彼らに質問されると何を聞かれたかわからない。けれども、こちらの質問に対する彼らの答えなら理解できたのです。

← 杉田敏さんに出会って私の英語人生は大きく変わりました。機会あるごとに刺激的な話を聞かせてもらっています。

例えば、What do you grow on your farm?（農場では何を作っていますか）と聞いたとします。答えの中に、sugar beet（甜菜）、barley（大麦）、corn（トウモロコシ）などの単語が入っていれば、それらの作物を作っている確率はかなり高い。つまり「答えを聞き取るヒントは質問だ」ということに気がついたというわけです。

そうとなれば即、実践です。何か聞かれる前に相手を質問責めにしました。外国人と話すことなどなかった時代に、こんな機会はとても貴重でした。空港からホテルまではとても長く感じられましたが、無事フロントまで送り届けられたときの安堵感は格別でした。

この体験を通して、ある英語学習法に目覚めました。それは、質問文をたくさん覚えるというものです。ノートに書き留め暗記したそれらを、外国人と話す機会があるとどんどん使ってみました。ESAの活動でも積極的に質問するようにしたのは言うまでもありません。

国籍や老若男女を問わず、相手が誰でも質問文は同じものが使えます。答えは人によって違いますが、質問文は基本的には同じです。そして何度も使っているうちに自然と口から出てくるようになります。やがてひとつの質問だけで終わらず、会話の流れに合わせて関連した質問もできるようになればしめたものです。

この自らの体験から、質問文だけを集めた本を出版したいと考えた私にチャンスをくれたのが、NHKラジオでビジネス英語の講師として活躍している杉田敏さんでした。杉田さんが出版社に売り込んでくれたのです。そして1985年11月、『英会話質問帖』（杉田敏／浦島久共著、ジャパンタイムズ)が誕生。手にしたときは体が宙に浮くような気分でした。

その後ビジネスに関するもの、関連する３つの質問を集めたものなど、質問をテーマにした本を５冊出しました。そのうち２冊が韓国でも出版されたのは驚きでした。残念ながらすべて絶版になってしまいましたが、いつか質問本の決定版が出せたらと思っています。これが私の原点だからです。

質問は、情報を得るための便利なツールです。素朴な好奇心から生まれた質問を上手に発すれば、有意義な時間を持つことができます。もしかしたらそこから新しい発見が生まれ、人生の転機に結びつくことがあるかもしれません。よほど魅力的な存在であれば放っておいても声をかけられるでしょうが、おそらくはそうでない人の方が多いでしょう。それなら話しかけられるのを待たずに、こちらから積極的に口を開いてみるのです。質問されて無視する人はいません。何かしらの返答があります。それがきっかけで会話が始まるのです。

「消極的な人より何事にも積極的な人の方が、英会話の上達は早い」。これを否定する人はいないでしょう。質問は会話を引き出すだけでなく、人を積極的な人間へと変える魔法なのです。質問上手は会話上手。質問こそが、英会話上達の鍵なのです。英語は私を積極的な人間に変えてくれました。

4 ひとりごとで会話力をつける

私が大学生だった1970年代、1ドルは固定レートでなんと360円！ 航空券も信じられないくらい高かったので、簡単に海外に行ける時代ではありませんでした。留学できたのもほんの一握りの人だけ。ESA（英語部）の同期の中に、国際教育交流団体のAFSでアメリカの高校に留学したことのあるメンバーがいました。彼のように話せるようになりたい！ いつもそう思っていましたが、私にとって留学は夢のまた夢でした。

いくら英語表現を覚えてもそれを使う機会は少なく、いつになったら流暢に話せるようになるのだろうと悩んでいたときに考えついたのが「英語でひとりごと」です。朝、目を覚ましたら、Time to get up. Let me open the curtain. Oh, it's going to be a great day.（起きる時間だ。カーテンを開けよう。おお、今日はいい日になるぞ！）なんてつぶやきながら1日をスタートさせるのです。

大学に行くときは目に入るものを英語で表現しました。There's a temple on the left. How do you say "kane?" Is it gong or bell? I think I should check with a dictionary later.（左側にお寺がある。鐘は英語で何て言うのかな？ ゴングかな？ それともベル？あとから辞書で調べよう）。などと文法はあまり気にせず、できる

← トークもエッセイのスタイルも、私の目標はこの人、大杉正明先生です。

だけ短い文でジェスチャーをつけて誰かに話すようにひとりごとを言ったものです。

興味のない授業を聞くときも、おかげで眠らずに過ごすことができました。This lecture is boring. Look. Only a few students in front are listening and taking notes. I feel sorry for the professor.（この講義はおもしろくない。見てよ。前に座っているほんの数人だけが聞いてノートをとっている。かわいそうな教授）。こんな感じでつぶやいていたのでした。

ひとりごと英会話は私だけの特許かと思ったら、多くの方々がやっていたようです。その代表格は、大杉正明先生（清泉女子大学教授）でしょう。大杉先生は留学経験なくしてNHKラジオ番組の講師を長年務めた方で、発音が抜群に上手く、惚れ惚れするような英語を話します。その大杉先生も大学生時代、英語でひとりごとを言っていたそうです。

この学習法を本にできないかと考え、1989年に完成したのが『英会話：ビジネスマンの一日』（杉田敏監修／浦島久著、ジャパンタイムズ）でした。これはビジネスマンが朝起きてから寝るまでに使えそうな表現を集めて、空想上の相手と会話したり、ひとりごとを言うためのマニュアル本です。

驚いたことに、同年、他に２冊も同じコンセプトの本が出版されました。１冊は私の長年の友人、松崎博さんの『やり直しの24時間英語』（大和出版）。もう１冊は吉田研作先生（上智大学教授）などが制作した『起きてから寝るまで表現 550 』（アルク）。この中で『起きてから寝るまで』シリーズだけが 200万部を超える大ベストセラーになりました。

私の本はあまり売れませんでしたが、アイデアだけはベストセラー並みだったということでしょう。そして、ひとりごと英会話は広く受け入れられたようです。その後、私の『自分の気持ちを１分間英語でつぶやいてみる』(中経出版)を含め、「つぶやき」「ひとりごと」という切り口の本がたくさん出ています。日本だけでなく韓国でも同じ傾向だったようで、『英会話：ビジネスマンの一日』も『起きてから寝るまで』シリーズ同様、翻訳版が出版されました。

ひとりごとのいちばんのメリットは、相手がいなくても一人で英語が話せて、英語で考える訓練ができるという点です。ただし人前でぶつぶつ話していると「変な人」になってしまうので、そんなときは心の中でつぶやくのがいいでしょう。声に出さないと効果がないように思われるかもしれませんが、私はそうは思いません。声に出さないことで恥ずかしがらずにより感情を込め、まるで母国語が英語であるかのような気分でできるはずです。

もう一つのメリットは、毎日同じことを繰り返し練習できることです。レベルアップを望むなら、口から出なかった単語や表現を後で調べて次から使えるようにすることが必要です。そうすれば効果は抜群。そして最大のメリットは、まったくお金がかからないことです！ 英語学校を経営する私がこんなことを書くのはまずいですね。けれども、一人でも勉強ができることを英語が私に教えてくれたのは事実です。

ビジネス英語フレーズ800
英語は動詞だ!
英語リスニングができるようになる
たった一週間の英語力で
総合英語 Forest
第8回全道英語弁論大会
第3位
贈 北海道新聞社

5 1分間自分のことを話してみる

大学生対象の英語スピーチコンテストに出場したことがあります。1年生だった当時の私は、発音が苦手でイントネーションも日本人的。勝てる自信はもちろんゼロでした。そのため予選には気楽に臨むことができたのですが、「青い空とトイレットペーパー」というタイトルと笑いを誘う内容が受け、番狂わせで学内の代表に選出されてしまったのです。

当然、北海道内の大学が集う本選への道はきわめて厳しいものでした。ESA（英語部）の先輩がつきっきりでほぼ1ヵ月、発音・イントネーション、話し方、ジェスチャーを基本から叩き込んでくれました。私が選んだテーマは当時大きな社会問題だった「公害」。3分ほどのスピーチを来る日も来る日も練習し、経済学の講義の前に大講堂で披露したりもしましたが、恥ずかしがり屋だった私には本当に苦痛でした。

本選の会場は北海道大学のクラーク会館。あんな立派なホールで、大勢の人の前で、しかも英語でスピーチをするのは人生で初めての経験でした。結果発表で自分の名前が呼ばれたとき、天にも昇る気分だったことを今でも覚えています。第3位も私にとっては優勝に匹敵する快挙でした。このときもらった盾は、今でも私の宝物です。

← 後にも先にも英語関係で盾をもらったのはこれだけ。今はA館オフィスの本棚に飾ってあります。

この経験には思いがけない副産物がありました。コンテスト後、急に英語が話せるようになったのです。特に公害問題は得意中の得意分野に。理由は単純で、完全に私の中に浸透したスピーチの中のフレーズが、状況に合わせて口から出てくるだけの話です。それも冒頭から延々と述べるのではなく、頭出しまで自由自在にできるようになったのでした。

この体験が、ひとつの学習法を生み出しました。自分のこと、自分の考えなどをショートスピーチとして準備するというものです。例えば「趣味」「夢」「友だち」など、とにかく会話で話題になりそうなものを集めては書いてみる。自力で書けるものもあれば、難しいものもあります。難しいものは参考になる英文を見つけ、それに手を加えて自分流にカスタマイズするのです。

スピーチを利用した本を書きたいと思い立ち取り組んだのが『自分を語る英会話』(ジャパンタイムズ、1992年)です。55の身近な話題を集め、それぞれに肯定的・否定的、2パターンのスピーチを作り、使う人が自分の考えに近いほうを選べるよう工夫したのです。このアイデアはとても好評だったようで、韓国と台湾でも翻訳版が出版されました。

その後、同じコンセプトで初級者向けも出版し、集大成として書いたのが『1分間英語で自分のことを話してみる』(中経出版、2006年)です。2年後この本はインターネット書店アマゾンのランキングで急上昇しはじめます。ついには「英会話部門」第1位、「すべての語学書」第4位。なんと驚いたことに「すべての本」で最高43位にランクインしたのです。

これは、米Google副社長兼日本法人社長（当時）の村上憲郎さんが書いた20万部を超える大ベストセラー『村上式シンプル英語勉強法』（ダイヤモンド社、2008年）のおかげでした。おすすめ教材の１冊として紹介されたことにより、その後も売れ続けたこの本は累計６万部を超えるベスト＆ロングセラーになりました。そして2016年６月には、カラー改訂版も出版されました！

よく「話したいことがあるけど話せない」という人がいます。これは本当でしょうか？ 瞬時に心に浮かんだことを言うのは難しいかもしれませんが、あらかじめ時間をかけて準備したものを自分の中にストックしておけば「話す」という点では可能なはずです。

私はよく「どんなことを話したいですか？」と聞きます。決まって出てくるのは「家族」「仕事」「趣味」「夢」などですが、まずは自分で英語にまとめてみてはどうでしょうか。自分でできなければ他人が書いたものを利用する、つまり英借文がおすすめです。周囲にネイティブや英語が得意な人がいれば、英文を添削してもらえるとさらにいいでしょう。

もうひとつ贅沢を言えば、読むときのお手本になるようネイティブに録音してもらえると最高です。あとはその音源を参考に、何度も声に出して読んでみることです。このときのヒントは「本を読む」という感覚ではなく、「話すように読む」ということ。スラスラ読めるのも悪くはありませんが、リアルに言葉を選びながら口に出すような感覚が大切です。英語は、積み重ねた努力が自信になることを教えてくれました。

NHK ラジオ 英語会話
スキット集 1979年度版
NO.160
B
DOLBY
STEREO
MONO
TIME
DATE
B
ラジオ英語会話 NO.1
1977年度
B
A
ラジオ英語会話 NO.1
1976年度

6 英語は「聴く」「聞く」が「効く」

大学生になって最初の壁はリスニングでした。それまで生の英語などほとんど聞いたことがなかったからです。言っていることがわからなければ相手に合わせて話すことはできません。試行錯誤の結果わかったのは、２種類のリスニングをやると効果がある、ということでした。

まずは「スピーキングのためのリスニング」。当時はリスニングの教材も少なく、あったとしても高価で手が出せませんでした。そこで利用したのがNHKラジオの『英語会話』です。きちんと勉強したスキットを１年分、１本のカセットテープにまとめ、BGMのように常に流していました。テープがすり切れるころには次に出てくる表現がわかるようになるとともに、会話中に自然とスキットに含まれていたフレーズが口から出てくるようになりました。つまり、スピーキングに役立つリスニングだったというわけです。これには会話体の文章がピッタリで、私は４年間続けました。

もうひとつは「リスニングのためのリスニング」。これは自分のレベルより少し上のものを選ぶのがコツです。また、一生懸命聞きたくなる内容であることも大切な条件になります。そこで私が見つけたのは、NHKラジオで放送されていたBBCのミステリー番組でした。全エピソードをテープに録音し、聞きました。登場

← １年分のスキットを１本のテープにまとめるのは大変な作業でした。今ならきっとa piece of cakeですね。

人物が多く、ひとつひとつ理解しなければ次に進むことができず、犯人が誰なのかわかるのはいちばん最後。そういった点でミステリーはリスニング教材に最適なのです。後にアメリカの有名俳優が朗読したミステリー教材が大ヒットしたのもうなずけます。

以上の2種類のリスニングを併用することで確実にリスニング力は上がり、スピーキング力向上にもつながります。私はそれを身をもって体験したのでした。

私が再びリスニングに興味を持ったのは、1999年。NHKラジオの人気講座『やさしいビジネス英語』の講師をしていた杉田敏さんからの1本の電話がきっかけでした。「講座に何か新しいアイデアはないか」と尋ねられ、私は「ラジオなのでリスニングを入れてはどうか」と即答。その年の4月、番組に「Listening Challenge」というコーナーが誕生したのでした。

しかも光栄なことに、2年間問題作成に携わることになったのです。ラジオなので、英文のあとに答える時間が必要なものは不向きです。そこで、最初に設問を与え、その解答を求めながら聞く「目的達成のためのリスニング」(Task-based Listening)を準備しました。ここで使った問題を集めたものが『NHKやさしいビジネス英語 リスニング・チャレンジ30』(NHK出版、2001年)で、この改訂版が『ビジネス英語リスニング・チャレンジ』(DHC、2008年)です。いずれも杉田さんとの共著で出版させてもらいました。

その後、同じコンセプトで書いたものが『聞いて、聞いて、聞いて覚える！ 英会話お決まり表現160』(マクミランランゲージハウス、2002年)、『リスニングQ：聴いて覚える英語の決まり文句』

(IBCパブリッシング、2012年)です。リスニング力を伸ばしながら決まり文句を覚えることができるというアイデア本で、特に好評だった前者は韓国で翻訳出版されました。

私がジョイを始めた40年前は、アメリカに住む友人に送ってもらったラジオやテレビを録音、録画したものを、「ビールと英語は生が一番！」なんて自慢しながら聞いていたものです。今ではインターネットで世界中のラジオ番組を聞くことも、あらゆるジャンルの映像を見ることもできるようになりました。あのころしていたことが今では笑い話のようですが、私にとってはよい思い出です。

リスニングは、まずは文章を見ずに「聴く」。それから、意味を理解してから何度もあきるまで「聞く」。この方法が、リスニング力向上に「効く」こと間違いなしです。最終的にはこれがスピーキングにもつながるのです。

余談になりますが、上述の『英語会話』講師の東後勝明先生(元早稲田大学教授)には番組を通じてたいへんお世話になりました。先生にジョイへ講演に来ていただいたとき(1990年)の感動は、ひとしおでした。

7 音読で英語力と発言力をつける

音読という学習法を知ったのは、大学２年生のときでした。もう40年以上も前のことです。そのころの私は少し英語が話せるようになっていたのですが、ディスカッションにはほど遠いレベルでした。そんなときに出会ったのが、NHKのテレビ英語番組で活躍していた國弘正雄先生の書かれた『英語の話しかた』(サイマル出版会)という本です。

「意味のわかる英語を何度もひたすら音読する、これが英語上達の秘訣である」。その言葉に動かされていざ始めようとすると、のっけから大きな問題に直面しました。それは教材。今ならある程度のものは揃いますが、当時は適当なものを見つけるのは大変でした。特に問題だったのが音源で、テープ付きのよい教材がありません。外資系の教材はあったのですが、貧乏学生には手の出せない値段でした。

最終的に私が使っていたのは『現代米語レッスン』(H・M・シャフスマ著、旺文社)。本に音源はなかったのですが、大学の外国人講師が録音してくれたのです！ それもオープンリールのテープに。まだカセットテープのなかった時代です。テープをコピーしてもらうのも大変でした。苦労して入手したこのテープを、すり切れるまで聞いたものです。

← 英語音読コース設立時からアドバイスをいただいている阿部一先生。何を尋ねても即答なのには、いつもビックリです。

時は流れ、2005年。満を持してジョイに音読専門のコースを開設しました。エッセイ中心のテキストを使い、生徒はリスニング→黙読→精読→音読→シャドーイング→サマリー（要約）＆意見発表の順に学習します。講師１人が生徒３人を担当し、生徒それぞれの個室を巡回して音読以降をチェックするという、週に１度、75分間の個別スタイルの授業です。生徒のレベルや興味に合わせて教材を選び、本人がやれるだけの分量をこなす方式を採用しています。

開設当初は留学希望の高校生のためのコースでした。しかし2008年のリーマンショック以後、海外留学に興味を持つ学生が減り、私は途方に暮れました。そんなとき、東京外国語大学に合格した学生が「音読コースは大学入試にも役立ちました！」と言ってくれたのです。今では入試や各種英語検定試験を目指す人や、話せる英語を身につけたいという人など、小学生からシニアまでがこのコースで学んでいます。

音読コースを運営する上で難しいのは、やはり教材です。まずはその内容が肝心で、繰り返し読むことに耐えられる内容でなければなりません。「新しいことを知った」「そんな考え方があるんだ」「感動した」、そんな教材がよいと思います。長さについてはレベルによります。例えば、中級レベルの人であれば、250から300ワードくらいがいいでしょう。大学のリーダー等、よい教材はありますが私の理想に近いものはまだ少ないのが実情です。

考えに考えて、私は自ら教材を作ってしまいました。『話せる！英語音読〈初級編〉』『英語で「日本」を話すための音読レッスン』

(ともに日本実業出版社)です。これらはバラエティに富んだトピックを選び、中学英語レベルで書きました。内容的にも長さ的にも「使える」と自負しています。ただ、まだたったの2冊。もっともっといろいろなレベルのよいものを作りたいのですが、これはかなり骨の折れる作業です。何冊もシリーズで出すのは簡単ではありません。

さて、音読コースを作りはしましたが「音読はなんのためにやるのか?」が私には疑問でした。「発音やイントネーションをよくするため」「新しい単語や表現を覚えるため」「文法的に正しい英語を身につけるため」などは明らかです。けれども、これは本質的なものではない、ということには気づいていました。

そんな私に大きなヒントをくれたのが、阿部一先生(阿部一英語研究所所長)です。「英語を話せるようになるため」にやる。最終的には「自分の意見を言えるようになるため」にやる、ということがわかりました。それからというもの、ジョイの音読コースではサマリー&意見の部分にかなりの時間を割くようにしています。

日本で英語をマスターしようと思うなら、音読なくしてそれは無理だと思います。どんなに英語がうまい人でも、その場その場で自由自在に新しい文章を作って話しているのではありません。ほとんどの表現は、その人がそれまでの人生の中で何度も何度も口から出してきたもののはずです。音読は、使える英語のベースを総合的に作ってくれるのです。

libopac.ih.otaru-uc.ac.jp/webopac/image/10000547.pdf

帯広の英語学校 … ログイン World Senio...013 - Home 無料大容量フ…ふぁいる便 yoshihiro.okada.98#

libopac.ih.otaru-uc.ac.jp/webopac/image/10000547.pdf

The Ryokkyuites

No. 12 THE OTARU UNIVERSITY OF COMMERCE MAY 10, 1973

Shodai's First Expedition into World's Last Unexplored Zone

The Otaru University of Commerce (Shodai) sent the first expedition corps to Patagonia, the southernmost part of South America, on Nov. 1, 1972. The Shodai Academic Research Corps, led by Mr. Wada, assistant professor of Shodai, was divided into two parties: one was the investigation party for the linguistic and ethnical research on the people of Patagonia, and the other the climbing party to challenge the mountains covered with thick glaciers. The investigation party consisted of Mr. Wada, Mr. Miyaoka, assistant professor of Shodai as well as vice-leader of the Corps, Mr. Takahashi, a graduate of Shodai, whereas the climbing party, led by Mr. Masaki, a graduate of Shodai, included four more graduates — Mr. Mason, Mr. Okada, Mr. Matsui and Mr. Shinoda, and two students — Mr. Oshima and Mr. Yamanaka.

The Corps left Japan on Nov. 1, 1972 and arrived in Punta Arenas, Chile on Dec. 1, following the advance party which had reached Chile on Nov. 1. After careful preparation, the climbing party started for the southern ice sheet of South Patagonia on …

The climbing party members on Mt. Co. Blanco. by courtesy of *Sangakuhu*.

Patagonia is the last unexplored region in the world, and the lacinian rangers from 42 to 55 degrees south. Over

unfavorable weather conditions would keep us human beings from making even a step forward. But the mountain was right before us. The first day of our over 70-day struggle began.

The first work was to carry of baggages amounting to one ton up to the base camp. It was on Dec. 15 that we had arrived at the mountain but the tip of Glacier Grey. Facing the huge blue formations both of the ancient and of the deep crevices, we felt the miracle of nature. We walked up on Glacier Grey, all drenched by the rain in a drizzling rain. After a long walk of over 40 km for 25 days, at long last, set up a base camp on Dec. 30. However, the heavy snowfall, severe cold and strong winds did not allow us to attack the first target, Mt. Co. Blanco (1820 m.).

Jan. 10, 1973. Fine, no wind, cold. Hurrans at last braved and passed the seemingly dangerous area by skiing without difficulty. Sliding and climbing, climbing and sliding, we finally stood on the summit of Mt. Co. Blanco, a virgin peak that we had long been dreaming of.

But it was just a short-lived joy; we had to say goodby to Mt. Co. Blanco because of a blizzard. What was worse, we were obliged to give up the second target (an unnamed peak of 1,560 m.) because very severe weather conditions since

Ironically, on the day of descending the mountain, the sky cleared up.

All is over. Though we had a hard time from mountain till night every day, we do wish to climb the mountains of Patagonia again, if the opportunity arises some day.

Blizzard and Rain

A Report from *Sangakuhu*

SHODAI HOSTS BLOC SEMINAR

The 17th Tohoku-Hokkaido Bloc Seminar Mass Meeting will be held here at the Otaru Univ. of Commerce (Shodai) in August. (The dates have not decided yet.)

The Bloc Seminar is an annual assembly where the college students in Tohoku-Hokkaido district, who are majoring in economics or commerce, present the results of their study, exchange views through discussions, and also aims at raising the students' academic level.

This year, 13 colleges and universities will participate in the Bloc Seminar.

The Mass Meeting will last for three days. The General Discussion is held on the 1st day, and the Group Discussion on the second and third day.

The theme of the General Discussion is "Economic Growth and Welfare", where two or three seminar members express their opinions to the participants in the Mass Meeting. After that, these members have to respond to the audience's questions and criticisms.

On the other hand, the Group Discussion is divided into 20 sections, and a lively discussion is expected in each section.

Shodai Presents Its New Face

At the Otaru Univ. of Commerce, the expansion work on the school buildings was completed in March, 1973.

However, according to the observer, school building moved started over one year and one half now, because in time for the arrival of this year's freshmen.

The construction of the new "Picture Planning Committee" some difficulties stood in the way of giving shape to the basic experience work plan. First, the association members have been appointed a year, and the coordinator of the Commerce Junior College of Commerce has increased. Also, a Graduate School was established of the University.

Besides these changes, the augmentation of the Meiji-era (iron, wooden) school building...

The new building consists of two middle-sized rooms on them 160 seats capacity. It has many smaller rooms on its sides, and a lounge for students, and a language institute. Its history and political study the second of a building is not used at 4,200,160,000.

When the new building completely moved, the Meiji-era iron green, wooden school buildings, which have been the symbol of the college for a long time, will disappear from the scene.

With the hearing of this fact, each club leaving them home is these old buildings expressed his consternation like this: "I love the Univ. of Commerce because I decided to battle for the form of the building of the club-room, but is all new club building are completely..."

Unity Leads to a Victory

- Debate -

"What's the definition of 'adult' then?" asked Mr. Matsuzumi, a year of Shodai ESA. "Well, only God knows," responded Mr. Ando, a senior of Shodai ESA.

This is the glimpse of the final match of the 10th All Hokkaido Debating Contest sponsored by the Hokkaido ESS League. On Dec. 16, the contest took place at Fuji Women's College. The Final was Resolved that the voting age should be lowered from 20 to 18 in Japan.

A 'debate' is a formal contest in which two opposing teams defend and attack a given proposition. So, participants are required to consider the subject very deeply from various angles. Debate may be regarded as the most effective of studying a foreign language, because it requires most fluency and flexibility.

The contestants were from Medical College, Otaru Women's Junior College, Fuji Women's College-Fuji Women's Junior College... Nine judges including three Japanese judges watched the heated session.

The final match was fought between Shodai team and the B. It was literally an exciting and heated match. There were some eighty people in the audience sitting closely to the judges around the contestants. Arguments went by, as the Affirmative side became the Affirmative side...

... over the camp of problem from A to Z, contrary to the Junior's narrower circle.

For the Shodai ESA, this was the 6th consecutive victory.

- Speech -

The 8th Hokkaido Interscholastic English Oratorical Contest was held at the Clark Memorial Hall of the Hokkaido Univ. on Oct. 29, 1972 under the auspices of The Hokkaido Shimbun Newspaper, the Hokkaido...

8 英字新聞とディベート

大学では結局４年間ESA（英語部）に所属し、勉強らしい勉強といえば英語しかしていませんでした。そんな大学生活で忘れられない思い出は英字新聞の編集、そして２年間参加したディベート・コンテストです。

「北海道で唯一、国立大学で唯一」をキャッチフレーズに、小樽商科大学ESAは英字新聞『*The Ryokkyuites*（緑丘人）』を発行していました。理由は覚えていませんが、２年生の時なぜか私が編集担当になってしまったのです。記事集めから広告取りまで、とにかく社会人になるためのイロハをこの仕事を通して学ぶことができたのはとてもラッキーでした。

当初は、編集の「へ」の字も知らず、「ジャーナリズムはこうあるべきだ」などと肩肘を張ることもなく、４年目の西村先輩に言われるままに動いていました。先輩たちの書いた記事を読み、よくこんなことが書けるなぁと感心したものです。その一方で、当時テレビや新聞・雑誌等で活躍していた伊藤森右衛門教授（私のゼミの担当教授で後に小樽商科大学の学長に。1990年逝去）が寄稿した経営学に関する原稿などは読んでもさっぱりわかりませんでした。

特に記憶に残っているのは担当２年目の出来事です。同期の岸

⬅ 英字新聞「*The Ryokkyuites*」は小樽商科大学図書館に電子データとして残されています。パソコンでいつでも閲覧できます。

本くんと２人で出来たてホヤホヤの新聞を持って、PRしてもらおうと北海道新聞小樽支社へ。翌日の小樽版には、写真はあるものの特に目を引くでもない小さな記事が載りました。恥ずかしさの一方で、こみあげてくる嬉しさに満ちた１日でした。あのころの私は純朴だったのです。

この新聞作りの経験がなければ、後にNL（英文雑誌『Northern Lights』）やカーリングの専門誌『HAPPY CURLING』を編集することもできなかったと思います。西村先輩、そして同期の岸本くんに感謝です。

さて、英語がある程度話せるようになると必ずと言っていいほど興味を覚えるのがディベートです。これは討論をゲーム化したもので、ある題材に関して肯定派と否定派に別れ議論するというもの。北海道学生英語研究会連盟に加盟する大学が一堂に会し、全北海道ディベート・コンテストが年に１度開かれていました。

私がコンテストに初めて参加したのは３年生のときでした。事前に発表されたテーマは「国鉄は民営化すべきか」。英語を自由に話せるレベルではない上に、国鉄民営化に関しても知識がなかったため、私たちは授業をサボって寮に籠（こも）り、合宿して下準備を進めました。

ディベートは小樽商大ESAの十八番（おはこ）でした。私が３年生のときは４年生が中心になって作ったチームが９連覇を成し遂げたほどです。４年生にとってはディベートで勝つことが「伝統」、いいえ、伝統というよりは当然の「義務」でした。

迎えた翌年、私は他の４年生メンバーとともに参加。準備も万端、勝つことを確信して大会に臨みました。ところが順調に勝ち進む中、私たちを焦りと動揺が襲います。これまで決して目立つ存在ではなかった北海道大学ESSが快進撃を続け、決勝に進出してきたのです。しかも我々がこれまで経験したことのないスタイルで！なんと彼らは、本州のディベート・コンテストに武者修行を敢行し、コンストラクティブスピーチからこちらの意見をアドリブで否定してくるなどの新しいテクニックを身につけてきたのでした。

結果、私たちは完敗。その時のショックはそれまでの人生で最大級でした。コンテスト終了後、部員全員で札幌の狸小路にある寿司屋で打ち上げをしたのですが、あんなに暗い宴会は経験したことがありません。敗れたメンバーは涙を流し、ただ「伝統に傷をつけて申し訳ない」を連発するのみ。私も虚脱感から黙り込み泣いていました。後輩の「来年は優勝杯を奪い返します！」という決意を聞き、なおさら涙が止まりませんでした。後日、丸坊主になった者もいました。それほどみんな英語に情熱を注いでいたのです。

2000年に、北海道教育大学釧路校から非常勤講師の声がかかりました。「異文化間交渉論」という講座を担当し、授業の中でディベートをしました。学生時代の経験がなければ、この仕事を引き受けることはなかったかもしれません。英語は私に、将来につながるチャンスをくれたのです。

twin spring note

小樽商科大学
浦島 久

Hisashi Urashima
Otaru University of commerce

ヨーロッパ
一人歩き記
我が青春の旅

Hisashi Urashima
c/o Ukihiko Matsui
Kita 20-JO, Nishi 2-Chome,
Sapporo, Hokkaido, Japan

9 ローマの悲劇

大学時代、ヨーロッパを一人旅したときの話です。フランスからオランダ、ベルギー、ドイツを経由して北欧3ヵ国を周り、再び南下してスイス、オーストリア、そしてイタリアはローマに到着し、3ヵ月間の旅は後半に差しかかっていました。毎日ビクビクしながら旅行していたはじめのころと違って度胸も座り、私自身はすっかり一流の貧乏旅行者になったつもりでいました。

ローマの休日も最終日。夜行列車でフランスのニースに向かう予定だったその日の夕方、中心街を歩いていると、そこで運命的な再会をしたのです。それは、日中カラカラ浴場の遺跡の前で立ち話をしたカルロスでした。彼に誘われるまま近くの喫茶店へ。列車の出発まで時間があると言うと、ディスコへ行かないかと誘われました。音楽が大好きな私は時間潰しにはいいかと思い簡単にOKしたのですが、これが悲劇の始まりだったのです。

路上でタクシーを拾って乗り込むと、カルロスは運転手にガイドブックを見せ、そこで紹介されているディスコに車を向かわせました。フランスのソルボンヌ大学を卒業してブラジルへ帰る途中という彼。父親がトヨタのディーラーを経営していることもあり日本にずいぶん興味があるようで、車の中でとにかくいろいろな質問をしてきました。そして、着いたのは路地裏。目指すディ

← ローマでの出来事は今読んでも胸がドキドキしてきます。よく生きて帰ってこられたものです。

スコは階段を下りた地下にあるといいます。

カルロスについて中に入ってみれば、ディスコ音楽がかかっているわけではなく、ディスコというよりはキャバレーといった雰囲気（当然、学生時代にそんな場所には行ったことはありませんでしたが）。私はすぐカルロスに「ここは変だから出よう！」と言ったのですが、彼は「せっかく来たんだからビールを１杯だけ飲もう！」と言います。私は酒はまるでダメなのですが、ここでオレンジジュースを注文してはバカにされると考え、“男は黙って”ビールを頼みました。

「やばい、やっぱり騙された！」と感づいたのは、ポパイみたいな大男が勘定書を手に現れたときでした。そこに書かれた数字を見ると、ゼロがやたら並んでいます。20万リラ、日本円で10万円……。「ビールを１杯しか飲んでいないじゃないか（実際にはひと口だけ）！」と日本語で言ってもポパイに理解できるはずがありません。同額を請求されたカルロスは、「お金はホテルにあるから、そこで払う」と一言。

残る標的は私しかいません。ポパイはこちらを振り向くと、私のお腹を指さしました。たくさんの日本人がきっと同じ手でカモにされていたのでしょう。ポパイは、私が腹巻の中にお金を入れていることを知っていました。「金はない」としばらく抵抗しましたが、入れ墨の入った腕が私の襟（えり）元に伸びてくると、次の瞬間、私の体は宙に浮いていました。カルロスがそのとき止めに入ってくれなかったらパンチが１発顔に飛んでいたに違いありません。

カルロスは「トイレに行きたくないか？」と私に言ってきまし

た。こんなときになぜトイレへ？ もしかしたら一緒に逃げてくれるのかと思い、彼と一緒にトイレに入りました。そこで彼に「おまえは金と命、どちらが大切なんだ？ イタリアはマフィアの国だぞ」と説教され、私は便器の上でトラベラーズ・チェックにサインするはめに。後から気づいたのですが、計算を間違えたのか（単に数学が苦手だったせい？ 商大生なのに）、なんと私は12万円分のチェックにサインして渡してしまっていたのです。

タクシー（来たときと同じタクシー！）を呼んでくれたポパイは、お金がないだろうとタクシー代をカルロスに渡してきました（なんて優しい男なのだろう！）。私は自分が巻き込まれた事件の大きさと恐怖とで声が出ませんでした。そして、この時までにはすでに、被害者を装っているカルロスも一味であることに私は気づいていました。

ローマ駅でタクシーを下りると私は別れ際に「お前もお金を取られて大変だと思うけれど、無事にブラジルへ帰れよ！」と言うのが精一杯でした。もちろん、その後ブラジルのカルロスから手紙など来るはずはありません。英語はときに、思わぬ経験をさせてくれることもあります。

10 マラガの戦い

私が大学生だったころ、シベリア鉄道でヨーロッパに入る旅は、小説家・五木寛之の世界に憧れる若者たちに人気でした。その手には同じようなYH(ユースホステル)のガイドブックが。そのため、YHで何度も同じ日本人と顔を合わせるのも珍しくはありませんでした。

ESA(英語部)の同期、正木くんも私と同じ時期に旅行していたので、私たちはスペインのマドリッドで会うことに。約束の場所に彼は2人の日本人と一緒に現れました。宿泊費を安く抑えるための仲間を見つけていたのです。そこで、私を含めた4人でコルドバやセビリアへ行くことになったのですが、スペイン南部は列車の便が悪いからレンタカーを借りよう、という話になりました。正直言うとお金に余裕がなかった私は、列車乗り放題のスチューデント・パスを持っていたこともあり、できれば列車で周りたかったのです。でも、彼らの意見に従うことにしました。

マドリッドからマラガへは列車で行き、駅前のテルミナルというレンタカー屋でフィアットの小型車を借りました。コルドバへと車を走らせながら、列車の旅とは一味違う途中下車し放題の旅に私たちは大満足。しかし、それはそう長くは続きませんでした。セビリアからマラガへ戻る途中、なんと砂漠のど真中で車が動か

← スペインで買った唯一のおみやげはこのコーヒーポット。今はB館に飾ってあります。

なくなってしまったのです。

太陽はサンサンと照り、じっとしていると肌が焼けてしまうような日でした。4人で相談し、誰かが近くの町まで行って修理屋さんに来てもらおう、ということに。大学でスペイン語のクラスを取っていたから、という理由で、その白羽の矢は私に立ったのです。でも私のスペイン語は、2年間の授業で単語を少し覚えていた、という程度でした。

それでも1台のトラックを止め、私は近くの町へ連れていってくれと頼みました。運転手さんはいい人で、レンタカー屋のある空港まで乗せて行ってくれたのですが、残念ながらそこにテルミナルのカウンターはなかったのです。しかたなく私はタクシーに乗り、次の町へ。なんとかそこで修理工場に辿り着きました。ところが、とうに午後1時は回っているというのに、しかも遠く東洋から来た外国人の客が困っているというのに、昼休みが終わるまで待てと言うではありませんか！

おとなしく従った私は2時になると、ひどいスペイン語で事情を説明。そして、レッカー車で仲間の待つ国道へ向かいました。現場に到着すると、3人は白いシーツで作ったテントの下でぐったりと横になっていました。結局車はその場では直らず、修理工場へ。私たちは列車でマラガへ向かい、旅行を台無しにしたレンタカー屋に弁償を求めようと息巻いていました。

ところが、レンタカー屋に入るや否や、いきなり早口のスペイン語で捲（まく）し立てられたのです。教養で2年間学んだだけの私のスペイン語ではまったく歯が立ちません。でもどうやら、車を壊したのは私たちの責任だから修理代を払え、と言っているようでした。話が違うと憤慨する私たちと、ひたすらわめき散らすレンタカー屋の親父。ついには先方は裁判に持ち込むと言い出しました。しかも、そうなればマラガにもう１週間はいなければならないぞ、と脅してきたのです。

ひとまずその場を離れた私たちは、駅の中にあった警察署に駆け込みました。一部始終を、スペイン語の基本単語を駆使して説明。警官を強い味方につけた私たちは再びレンタカー屋に乗り込みました。ところがなんと、その警官と店の親父は知り合いだったようで、なんだか雲行きが怪しくなってきたではありませんか。しばらくして戻ってきた警官は１枚の紙切れを取り出し、おもむろに数字を書きはじめたのです。どうも調停に乗り出したようでした。日本円にして30万円から始まった交渉はこちらのしぶとい抵抗により、２万円で決着。けれどもローマでお金を巻き上げられていた私にとっては、１人5,000円とはいえそれはそれは痛い出費でした。

マラガからマドリッドへの列車の中、「よく頑張ってくれた。これはお礼だ」と、３人がなけなしのお金を集めて私にパンを買ってくれました。不思議とそのとき、私には敗北感はありませんでした。それどころか自分を誇りにさえ思えたのです。「やろうと思えば、俺はやれる！」ということがわかりはじめた瞬間でした。私に小さな自信を与えてくれた、そのきっかけは英語でした。

第2章
あんな時、こんな時

イングリッシュハウス
JoY
仮事務所
Temporary Office
of
ENGLISH HOUSE JoY

11 24歳の再出発

24歳になる年、私はある大きな決断を下しました。勤務していた松下電器産業株式会社（現パナソニック株式会社）を辞め、帯広に帰って英語学校を始めるという、それまでの人生で初めての大きな決断です。教員免許もなければ留学経験もない、教えた経験すらない若者には無謀な選択だと誰もが思ったことでしょう。

そのころの私は、売上がまったく上がらない最悪の営業マンでした。販売していたファックスは当時はまだA4の原稿１枚を送るのに３分かかり、価格は軽く100万円を超えていました。海外で働くという夢が破れ「これでいいのだろうか？」と自問自答しながら、パンフレットの詰まった重いカバンを手に企業や事務所の門を叩いて回る日々でした。

転機は、職場のあった宇都宮市で受けた、ある英会話スクールの体験レッスンでした。即座に思いました。「こんな仕事がしたい！」。帰宅後すぐにNHKのテキストに載っている英会話学校にパンフレット等を請求しました。届いたそれらを夜な夜な眺めては膨らんでいく、自分の学校という夢。そしてついに決心は固まりました。

「会社を辞めたいのですが」と上司に切り出すと、「どうした？」「おふくろが病気になり、戻ってきてほしいと言っています」「わ

← 校舎が完成するまでの間に借りていた仮事務所の看板。カレンダーの裏にマジックで手書きしただけという素朴さ。

かった」。会社の先輩のアドバイス通りに話は進み、辞職はすんなり受け入れられました。それだけ会社には必要ない人材だったということでしょう。実はこれは口実で、父は2001年に他界しましたが、母は今でも健在です。

飛行機の窓から雪で真っ白の北海道が見えたとき、なぜか涙がとまりませんでした。これから１人で仕事をする不安と、新しい仕事への希望。混在するその２つが堰を切ってあふれ出てきたのでした。

帯広に着いた私を待っていたのは、建設中の英語教室の小さな校舎。大学の先輩で公認会計士の桃井邦義さんが、どうせやるなら銀行から借金してでも建物を建てて自分を追い込んだ方がいい、とアドバイスしてくれたのです。資金は父が銀行から借りてくれ、それを私が月々返済することになっていました。

帯広を選んだ理由は、祖父の遺してくれた土地があったということが大きかったのですが、決定打は、帯広・十勝の持つ魅力でした。本州での生活を経験したことで、自分が生きるのにいちばん合った場所はここだという確信が持てたのです。また、帯広に大きな可能性を感じてもいました。

生徒募集開始からすぐに第１号が！ 小学４年生だった武田央代さんは、窓に貼られたポスターを見たいがために雪を掻き分けて建設中の校舎に近づき、電話番号を暗記して帰ったそうです。武田さんとは今でも交流が続いています。

ところが、１週間経っても申し込みは武田さんを含めてたったの２名。新聞広告を出し、チラシを作り、いろいろやった結果がこれ。“失敗”の２文字がちらつきました。そこで力を貸してくれたのが、私の故郷・豊頃町でスーパーを経営していた友人、高橋敏典です。彼は肩を落とす私を近くの小学校の校門前へ連れていき、率先して声を張り上げて子どもたちにチラシを手渡ししてくれたのでした。

結果、81名もの生徒と開校日を迎えることができました。地元紙が記事を書いてくれたり、申し込んだ子どもが友だちを連れてきてくれたおかげです。けれどもその前日、私は大きな問題に直面していました。実はテキストがなかったのです。生徒を集めることに必死で、肝心の授業の準備ができていませんでした。いま考えても冷や汗が出てきます。

そんな開校日から40年近く経ったある日、私は宇都宮市の英語学校から講演会の話をいただきました。2014年１月中旬のことです。宇都宮といえば、もちろんいつか再訪したいと思っていた町。講演会の前に少し通りを歩いてみましたが、ほとんど覚えていません。馴染みの食堂や店があるわけでもなく、本当に私は１年半ここで何をしていたのだろう、と不思議でたまりませんでした。

講演会ではテーマだった音読の話だけではなく、サラリーマン時代の情けない話も聞いてもらったのですが、温かい参加者のおかげで最初からホーム状態。逃げるように後にした場所に歓迎され、感無量でした。スーツケースひとつ、見送る人もなく１人寂しく列車に乗って宇都宮を離れてから38年。61歳になっていた私は、思い出の町で英語人生の新たな一歩を踏み出すことができたのです。

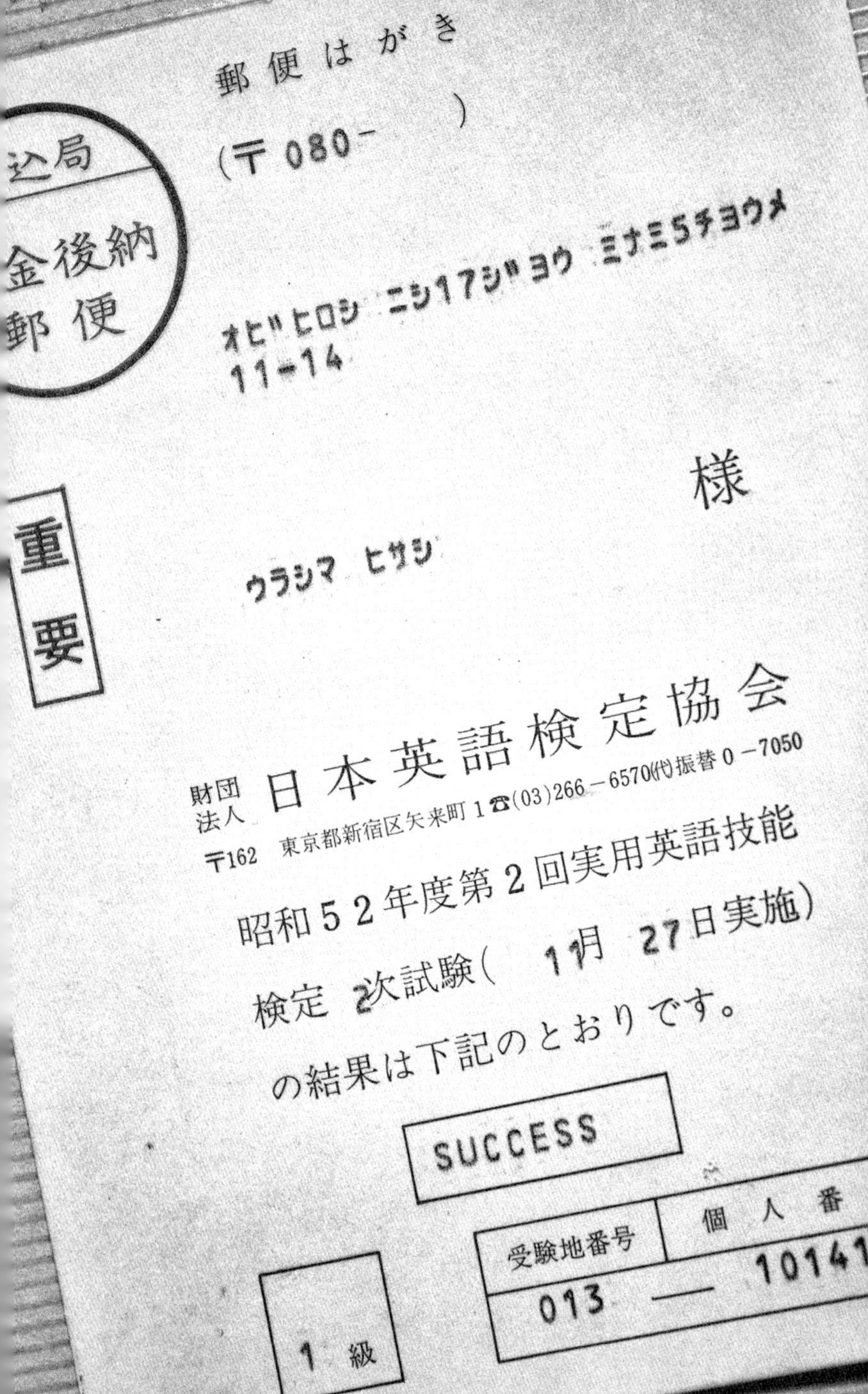

郵便はがき

(〒080-　　　)

込局
金後納
郵便

オビヒロシ ニシ17ジヨウ ミナミ5チヨウメ
11-14

様

ウラシマ ヒサシ

重要

財団法人 日本英語検定協会

〒162 東京都新宿区矢来町1 ☎(03)266-6570(代)振替0-7050

昭和52年度第2回実用英語技能

検定 2次試験(　11月 27日実施)

の結果は下記のとおりです。

SUCCESS

受験地番号	個人番
013 —	10141

1 級

12 英検1級で人生は変わる！

なんとか開校することのできたジョイでしたが、私には悩みが。それは、いくら頑張っても英検1級に合格できないことでした。教員免許があるわけでもなく、世間の人に英語教師として認めてもらえるような資格が私にはひとつもなかったのです。だからのどから手がでるほど英検1級が欲しかったのですが、結局ジョイの開校日には間に合いませんでした。

Teaching is learning.（教えることは学ぶこと）。これを実感したのは、まさに教えはじめてからです。その年の秋、それまでいくら英字新聞を中心に準備しても受からなかった1次試験についに合格！ 中学生を教えることで、英語の基本がしっかりと身についたからだと思います。中学生の素朴な疑問に答えているうちに私の理解度もどんどん深まっていったようです。あとは2次試験に受かればいいところまでようやくたどり着いたのでした。

2次試験は英語による面接です。試験会場となった、今はなき小樽女子短期大学には、学生時代にESA（英語部）の活動で何度か行ったことがありました。リスニング試験の後、面接の会場に入ると、10名ほどの受験者と2人の面接官。そのうちの1人に目が留まりました。小樽商科大学時代、商業英語の担当教授だった北村先生（退職後、小樽女子短大の学長になられていました）だったの

← 英検1級に合格したおかげで英検の面接官の仕事をいただき、60歳になるまで続けさせてもらいました。

です。「私のことを覚えているだろうか？」という考えが一瞬浮かびました。

２次試験は今とは少しやり方が違います。渡された封筒の中に、異なるテーマの書かれた紙が２枚。どちらかを選んで１分間考えた後、２分でスピーチを発表。面接官からの質問に答える、というものでした。輪になる形で着席した受験者は、反時計回りにスピーチを披露。他の受験者も含む人前でのスピーチは、かなりのプレッシャーでした。

受験者たちの会話力はどの程度か、とにかく気になります。さすがここまで来ただけあってレベルの高い人ばかり。それなのに例年の合格率からいけば、この中で合格するのはたったの２～３名という狭き門です。いよいよ私の番が回ってきました。どうにかして北村先生に私が小樽商大の出身であることを知らせなければ！ おまけで合格させてくれるのでは、という淡い期待を抱きました。

与えられたタイトルは、「エリザベス女王戴冠25周年」と「今まで読んだ中でいちばん感銘を受けた本」。迷わず後者を選択し、スピーチの中で小樽商大出身だと言うと、なんとなく北村先生が微笑んだような気がしました。小学校時代から松下幸之助に憧れて彼の本を読んでいたこと、そして松下電器産業株式会社（現パナソニック株式会社）で働いたことなどを言葉にし、われながらまあまあの出来だったのでは、と感じていました。

実は、会場の中で北村先生のほかに気になった人がもう１人。私の右隣に座っていた女性で、とても美しい人でした。私のスピーチが終わりその人の番になると、会場中からため息が漏れました。実にうまい英語で、アメリカ人の面接官が「あなたの英語は私よりうまい」と言ったほどだったのです。

その人、杉山かよ子さんはカナダで大学院を終えて帰国したばかりで、札幌アメリカンセンターにプログラム・スペシャリストとして勤務していました（後にオール・イングリッシュ・デーなどのゲストとしてジョイに来てもらったことがあります。結婚して「吉田」姓になり現在は北星学園大学で教えています）。杉山さんは、日本英語検定協会から最優秀賞を受賞。つまり、その年のすべての級の英検受験者の中で一番だったということです。

余談になりますが、杉山さんの次にスピーチした北海道大学の学生さんは、彼女のあまりのうまさにすっかり自信をなくしてしまいました。もし逆回りだったなら、そうなっていたのは私のほうだったでしょう。

迎えた年の瀬。ついに私は、英検1級の合格通知を受け取ったのです。人生において忘れることのできない日でした。そして、松下時代から下降線を辿（たど）っていた運が少し上向いてきたのを自分でも感じました。

よく私は社会人の生徒にこう言います。「もし自分の人生を変えてみたければ、英検1級に合格しなさい」

13 ジョイおじさん

大学卒業後、学生でもなく社会人でもない時間を過ごしていたときのことです。パナソニックの本社がある大阪（実際には門真市）に行く途中、初めて石川県金沢市を訪れました。民宿をしている高岸寺というお寺に泊まり、これからの人生について、古都金沢でじっくり考えたいと思っていたのです。

ドラマは翌日の朝、幕を開けました。歯を磨いていると、隣に２人の外国人が立っています。「なぜこんなところに外国人が？」と思い、どこから来たのか聞いてみると答えはベルギー。彼らの住むゲント市と金沢市が姉妹都市で、その交流のために来ていたのでした。その１人が、今でも私たちが「ジョイおじさん」と呼ぶ、フェルディナンド・デ・バックさんです。

朝食を食べていると、民宿のおばさんに「学生さん、午前中は空いている？」と尋ねられました。聞けば前日まで通訳をしていた大学生が体調を崩してしまったので、代わりに通訳をしてくれないか、とのこと。おばさんは、私が彼らと話しているのを見ていたのでしょう。もちろん私はふたつ返事で引き受け、地元の人が２人のベルギー人を案内するのに同行させてもらいました。

そのあと列車で京都へ向かうというゲントからの一行は、この日の午後それぞれのホームステイ先から金沢駅に集合することに

← 暖炉のあるバッキーホールは普段は待合室ですが、ライブやパーティーの会場になることも。

なっていました。予定の時間に私たちも到着すると、感動的なシーンがそこここで展開されていました。

２～３日のホームステイとはいえ友情が芽生えたのでしょう。発車時刻が近づくに連れ、至るところでベルギー人がホームステイ先の日本人と抱き合い、涙を流しはじめたのです。部外者のはずの私も、すっかりもらい泣き。実にドラマチックで、いつまでも忘れられない光景です（この経験がのちに松下を辞め、北海道で国際交流をやりたいという思いに発展していくのです）。そして、別れ際にもらった１枚の名刺が、稀有な運命への切符だったのでした。

ジョイが始動して１年が経ったころ、ビッグニュースが飛び込んできました。なんと、ジョイおじさんが帯広に来るというではありませんか。実は、彼にジョイの校舎の設計をしてもらっていたのです。洋風の屋根の形は当時としてはユニークで、そのおかげで生徒が集まったと言ってもいいかもしれません。建物が完成した当初は、パーマ屋さんや喫茶店と間違えて人が入ってくることもよくあったほどです。

帯広空港でジョイの生徒代表が“WELCOME TO OBIHIRO”と書かれた横断幕を広げ、ジョイおじさんを出迎えました。そして校舎前では50名ほどの生徒が待機。子どもたちによる空手のデモンストレーションなどで歓迎しました。

その夜のことは今でもはっきりと覚えています。生涯で初めて、サプライズ・パーティーを企画しました。夕食を食べに行こう、と誘い出したレストランのランチョ・エル・パソにはたくさんの私の友人たちが待ち構えていて、知らないのはジョイおじさんだけ。店に入るなり流れ出す音楽、鳴らされたクラッカー！ それが自分へのサプライズだということに気づいたジョイおじさんの喜びは頂点に達しました。

ところが、始まってすぐに想像もしないアクシデントが発生！なんと雷が原因で停電になってしまったのです。店内は真っ暗、バンドも電気がないために演奏不可能に。でも、ローソクの火を携えてコーラスグループが歌い、各々が車から持ってきた懐中電灯で照らす中で箏(そう)の演奏と日本舞踊が披露されました。そして、しびれを切らしたバンドが生ギターで演奏を始め、その途中で電気が灯るや否や会場は興奮のるつぼに！ シナリオは狂ってしまいましたが、結果的にこんなにうまくいったイベントを私は経験したことがありません。

こうしてジョイおじさんの帯広でのたった2日間という短い滞在は終了。その月の収支はジョイ設立以来初めて赤字を計上することになりましたが、私の心の中は黒字以上でした。

今でもジョイおじさんの名前はジョイに残っています。B館1階にある「バッキーホール」のバッキーとは、ジョイおじさんのニックネームなのです。毎年、英語に関することで頑張りが顕著だった生徒に贈っているプライズは元々「バッキープライズ」という名前でしたが、ジョイおじさんの他界後、現在の「ジョイプライズ」という名称になったのでした。英語は私にさまざまな出会いをもたらしてくれました。ジョイおじさんも紛れもなくその1人です。

14 エツコ＆ハリー

ジョイで初めての外国人講師は、スリランカ人のシャンタ・カイラさんです。ご主人が帯広畜産大学の留学生だった彼女には、パートタイムで２年ほど子どもたちや社会人に英語を教えてもらいました。そして初代専任講師に着任したのが、アメリカ人のハリー・ロックレアーさんです。

当時のジョイは社会人の生徒も少しずつ増え、英会話学校として外国人講師の必要性を感じはじめていたころでした。そんなある日、ESA（英語部）の後輩たちが私を訪ねてきたのですが、その中に相川悦子さんがいました。滝川出身で私の３年下の後輩です。いろいろと話しているうちに、気がつけば彼女の話は深刻なものになっていました。

ロータリークラブの奨学金を受けて留学したアメリカでアメリカ人男性と恋に落ち、結婚を考えている、と。そして、彼をジョイで雇ってもらえないか、という話に発展していったのです。当時のジョイにとって、外国人を専任で雇うというのは大きなリスクを覚悟しなければなりませんでした。いちばんの問題は、給料を払うことができるのか、ということ。しかし先輩として出来るだけのことを彼女にしてあげたいと思ったのです。

考えた末、私はある条件を出しました。それは、勤務している

← エツコさんとハリーさんが可愛がっていた犬（ダスティ）にそっくりな犬の像を発見！ 当時のことを思い出してしまいました。札幌にて。

札幌の英会話学校を辞めて悦子さんも彼と一緒にジョイに来る、というものです。結果、彼女はその提案に従って一足早く帯広に引っ越してきました。けれども困ったことにハリーの方の手続きが一向に進みません。このとき初めてわかったのは、第１に外国人を雇うには入国管理局の審査があるということ。さらに、外国人を専任で雇うには年間900万円以上の授業料収入がなければならない、ということ。その金額は辛うじてクリアしていたものの、私は不安でいっぱいでした。もしハリーにビザが発給されなかったら悦子さんはどうなるのだろうか？ 胃が痛くなる日が続きました。

入国管理局の検査官が釧路から来た日は、これ以上はないほどの緊張感に包まれました。でも私以上に緊張していたのは事務所で仕事をしていた悦子さんだったはずです。彼女によると、検査官と私の話をそばで聞きながら、自分が何をしているのかまったくわからなかったそうです。少しでも検査官に好印象を与えようと明るく振る舞っていた彼女の健気な姿を、私は今でも覚えています。

何枚も書類を提出しやっとビザが出るとわかった瞬間、悦子さんの目から大粒の涙がこぼれました。そして私には安堵のため息が。帯広空港に下り立ったハリーは、プロレスラーのように大きなアメリカ人でした。そして、素朴で温かな人でした。

２人はジョイの飛躍のための基盤作りに３年間貢献してくれました。アメリカに戻った後、悦子さんは大学院で会計学を専攻し、公認会計士の免許を取得。世界的に有名な監査法人プライスウォーターハウス、エンロン、GEで働きました。最後の職場となったGE不動産部門を2015年4月末に定年退職したあとはハリーと2人、第二の人生を楽しんでいます。昨年、結婚35周年を迎えたそうです。

悦子さんから先日、こんなメールが届きました。

──ジョイがもう40周年を迎えるんですねえ。どんどん大きくなる前の時期から関わらせていただいた者としては、昔のことが本当に懐かしいです。あの手動に近い電動タイプライターで打ち込んだ英文雑誌の原稿、手作りのパーティー。そういえば、社会人の英語好きの方たちの同好会みたいなのもありましたね。いつもいろんなおもしろい人たちがジョイに集まってきましたよね。東京方面から移住して酪農されていたご夫婦はどうされましたか？（浦島：大森夫妻のことですね。現在は人気の「大森カントリーガーデン」を経営しています！）。ジョイの先生たちも少ない人数でしたが、阿部さんやドンちゃんとは家族のようなおつきあいをさせてもらっていました。──

あのころはまさに「イングリッシュハウス・ジョイ」でした。アットホームな雰囲気の英語学校に集まってきた多くの仲間たちとの交流は、今も続いています。英語は私にだけでなく、ジョイや私と関わりのある多くの人にもかけがえのない出会いをもたらしてくれました。

15 アラスカから来た青年

ハリーさんの後任にアラスカ州出身のアメリカ人かカナダ人を雇おうと考えたのは、私が北方圏の生活や文化に興味を持っていたからです。帯広市が開基100年を迎えた1982年夏、姉妹都市のアラスカ州スワード市から高校のブラスバンドのメンバーにその父兄と一般市民、約60名の団体が来帯し、帯広は一気に国際都市になったようでした。

メインイベントは、帯広リードオーケストラ、帯広アドニス合唱団、そして、ちばよしお＆ノーチェ・アミーゴとのジョイントコンサート。そのコンサートの通訳の仕事をさせてもらったのですが、そこで知り合ったのが、バンドの指揮者ボブ・リチャードソンさんです。私はボブによい先生を探してくれないか頼みました。すると驚いたことに、候補者はすぐに現れたのです。同行していた１人の女性が「私の息子が興味を持つに違いないわ。彼は本当にいい人なの」。そのいい人こそ、ジョイの２代目外国人講師となるデイビット・キャンベルさんでした。

翌年３月、デイビットは帯広にやって来ました。このとき彼の手に“Northern Light Blvd.”と書かれた道路標識が。これは今もジョイA館１階の壁に掛けてあるので、見たことのある人も多いのではないでしょうか。

← ほぼ自分で建てた自宅のデッキで。十勝にいながら、紀子さんとデイビットはアラスカンな生活をしています。

話は少し脱線しますが、私がこのノーザン・ライツ通りの存在を知ったのはスワード市からの留学生を通じてでした。私がノーザン・ライツ・グッズのコレクターだということを知ると、「そのうち道路標識を取ってきて送ってやるよ」と彼ら。私は気楽に「ウン、頼むよ」と答えたのでした。

するとなんと、この高校生たちはそれを実現しようとしたのです。ところが頑丈に留めてあった標識を取り外すことはできず、計画は見事失敗。彼らから謝りの手紙を受け取ると私はひどく狼狽し、「きみたちを犯罪者にはしたくないから、もうやめてくれ！」と返事を送りました。

そんな経緯でデイビットがこの道路標識を持参したわけです。もちろんそれは彼が盗んできたのではなく、スワード市の国際商工交流委員会から公式に贈られたものでした。わざわざ同じものを複製してくれたのです。日本人なら決してこんなことはしないでしょう。なにせ私は民間の人間です。アメリカ人の柔軟さとユーモアは感動ものです。

この話には後日談が。1983年、私はノーザン・ライツ通りのあるアラスカ州の州都アンカレッジ市に、「北極光通り」という日本語の道路標識をプレゼントしました。地震公園の近くに今でも取り付けられているはずです。

デイビットは多くの人々に愛されました。地元のテレビ局で英語番組を担当したり、NL（英文雑誌『Northern Lights』）の編集を手伝ったりと理想的な３年間を過ごしました。地元の月刊誌『ふるさと十勝』に３年間で30編連載した英文エッセイの中から18編を厳選して1冊の本にまとめたものが『The New Tokachi Diary 新・十勝日誌』です。書名はもちろん松浦武四郎の遺した『十勝日誌』をもじったもので、発行所はジョイ。ジョイとしては初めての出版物でした。

そのデイビットが彼のクラスの生徒だった新木紀子さんと結婚したのは驚きでした！ それを機に大学の修士課程でさらに勉強したいということで、いったん帰国します。

その後、ミシガン大学修士課程を修了し、1988年にジョイに復帰。私の右腕として長年働いてくれました。特に、私が編集長を務めていたNLは、彼にその役目を引き継いでから飛躍的にクオリティーが上がったのでした。

デイビットは2008年ジョイを退職。合計23年もの間一緒に働いたことになります。いくらお礼を言っても言い足りません。何よりも感謝しているのは、この私にパソコンを教えてくれたことです。機械にめっぽう弱い私はワープロも自分では打てず、手書きのものをスタッフにタイプしてもらっていました。そんなとき彼が言ったのです。「自分でパソコンを操れない人と一緒に仕事はできない！」。この言葉がなければ、私は今でもパソコンが使えなかったかもしれません。

現在、デイビットは帯広畜産大学で英語を教えています。そして奥さんの紀子さんは、ジョイで児童コースの主任として頑張ってくれています。デイビットと紀子さんの力がなければ、今日のジョイの発展はなかったでしょう。この2人のように、英語で結ばれた縁は数えきれません。

JOY AVENU
LIBERTY ROAD
B

16 ジョイ・アカデミーが完成

生徒は順調に増えていきました。２つの教室では足りなくなったため２度の増築を経て７室になっていたのですが、それでも足りないという嬉しい悲鳴を上げ、ついに私は校舎をもう１つ作ることを決断しました。12年目のことです。１つだったものが２つになるということは、学校の規模も２倍になるということ。増築するのとは訳が違います。それまでの２倍働く覚悟で、私は信用金庫からお金を借りることにしました。

せっかく建てるのだから格好良いものを作りたい！ そう考えるのは当然です。なにせ私はそのとき36歳。やる気も気力も十分で、いちばんノリにノッていたころです。設計は、当時次々に斬新なデザインの建物を生み出していたMephistの水野政彦さんに頼みました。建築は、こちらも若者を中心に人気があったヤマリンハウス。当時ここの建設部長だった金澤耿さん（現在はTRAD代表取締役）とはこのころに知り合い、以後公私ともにお世話になっています。

水野さんに私が伝えたイメージは２つ。まずは、この前年にアメリカのワシントン市で見た国際交流団体の建物です。２階は各団体の事務所で、１階にはパーティーやイベントのできるラウンジがありました。規模はかなり違いますが、アイデアは応用できると考えたのです。もう１つは、テレビで見た、ある有名教授の

← この建物を見ると当時の私の好みがわかります。中はアンティークでいっぱいです。

最後の授業風景です。講堂は満席で、あふれた学生たちは端にある階段に座って聞いていました。

また、当時の私は照明が暗めで落ち着いた雰囲気の部屋が好きでした。これらの私のリクエストが見事に具現化された真新しい校舎・ジョイ・アカデミー(現在のジョイB館)は、1989年3月に完成。こんな施設で仕事ができるなんて信じられませんでした。こけら落としの講演会では、國弘正雄先生(日本テレビ・ニュースキャスター)に「異文化時代のコミュニケーション」というタイトルでお話ししていただきました。異文化間のコミュニケーションが簡単でない理由は、言葉の違いよりも文化の違いのほうが大きいことなど、当時としてはとても新鮮な内容でした。

新校舎竣功に伴い、1棟目の校舎は「イングリッシュハウス・ジョイ」という呼称のままで、児童から高校生までのレッスンを展開。「ジョイ・アカデミー」と命名した新校舎は社会人専用とし、英語学校でありながら生涯学習センターの要素を兼ね備えた学校というコンセプトを設定しました。

「言葉と世界」をメインテーマに据えた「ジョイ・フォーラム」という名称の講演会もこの新校舎でスタートし、「東欧の民主化のゆくえ」J・メステンハウザー(ミネソタ大学教授)、「日本と激動する国際情勢」長谷川孝昭(元ルーマニア大使)、「日本で働くアメリカ人、アメリカで働く日本人」ダン・マックラウド(サンディエゴ州立大学教授)などといった講演を1983年4月から2005年までの22年間に多いときは年12回、全部で82回行いました。その気にさえなれば、地方都市・帯広でも本物に触れることができるということを多くの人にわかってもらえたと自負しています。

ジョイ・アカデミーの１階にあるバッキーホールは、パーティー会場としても数え切れないほど利用しています。特に冬には暖炉に火が点り、とても雰囲気がよいのです。音楽イベントも何度も開いています。意図して作った訳ではないのですが、音がよく、観客数60名までのライブには最高の場所です。2012年からは私の大好きなジャズピアニスト、石井彰さんを迎えてのライブを毎年行っています。

このホールの代わりに教室を作れば２つはできました。建設する際「利益を生まないこんなスペースをとるなんてもったいない」と、たくさんの人に言われました。でも、この場所でどれだけの交流が生まれたことでしょう。講演会でどれだけ感動の拍手が響いたことでしょう。そんなことを考えると、やはりジョイにはなくてはならない空間だったと胸を張って言うことができます。また、ここで出会った後に結婚したというカップルが数組いるのには私も驚きました。

2002年に「イングリッシュハウス・ジョイ」の校舎を建て替えたのを機に、こちらを「ジョイＡ館」、ジョイ・アカデミーを「ジョイＢ館」とし、学校名も現在の「ジョイ・イングリッシュ・アカデミー」と改めました。かつての姿を知る人は今でもＢ館を「アカデミー」と呼びます。私にとってもたくさんの思い出が詰まった夢の空間である「アカデミー」を知っていてくれる人がいるのは、嬉しいことです。同時に、英語を翼にここから羽ばたいていった人が数えきれないほどいることも、喜ばしいことです。

（敬称略・順不同。肩書きは当時）

17 英語はシニアを元気にする

少子化傾向が続く日本において、年々確実に増えていくのがシニア世代です。帯広・十勝も例外ではなく、要望や問い合わせが増えてきたことからジョイも2005年、60歳以上を対象にした「シニア英語コース」を開設しました。現在も、若者以上に元気なシニアで賑わっています。

ここでひとつ問題があります。それはテキスト。一般的に英会話学校の社会人対象クラスで使われるのはほとんどが外国の出版社のESL（第二言語としての英語）のものなのですが、これらはヤングアダルト向けのものが多く、会話の内容もシニア世代の生活からかけ離れている上に、文字も小さすぎて読みづらいため、シニアのクラスには不向きです。

シニアコース設立にあたって、私自身いろいろと探してみました。英語のレベルや文字のサイズからいけば中学１年生用のものが最適ですが、中身が合いません。結果的に満足できるものは見つかりませんでした。

そんな背景から、『シニアのためのゆっくり英会話 English Tree １＆２』（マクミランランゲージハウス、2006年・2007年）は誕生しました。最大の特長は、すべてがシニア世代の英語学習者向けに設定されている、という点です。話題やシチュエーション、文字

← 30年近くレッスンさせてもらった篠河玲子さんのお店のサロン。私自身もいろいろと社会勉強させてもらえる場所でもありました。

の大きさにも配慮し、シンプルな構成にしました。なおかつ「聞く」「話す」「読む」「書く」の４技能を１冊で学べる、という部分にもこだわりました。

タイトルの“English Tree”には、学習者それぞれに自身の英語の木を育ててほしい、というメッセージを込めています。表紙の写真は私の故郷・豊頃町のハルニレの木。父の作品を使いました。共著者の茅野夕樹くんはジョイの１期生で、長年ジョイの講師を務めてくれた後、現在は帯広市で翻訳業を営んでいます。そんなふうに、私にとって多くの思いの詰まった特別な１冊なのです。

これからの時代のキーワードのひとつは「高齢化と言葉」ではないでしょうか。言葉の学習は脳を活性化し、はつらつとしたシニアにしてくれます。シニア世代が健康で夢を持ち続けることができる、そのお手伝いをジョイができるならば、それ以上の喜びはありません。

シニアといえば、この方をあげないわけにはいきません。篠河玲子さんです。年齢は私の母親と同じ86歳。この世代の方は戦争のため英語を学ぶことができませんでした。篠河さんもその１人で、本格的に英語と取り組みはじめたのは70歳を超えてからです。きっかけは、世界的なボランティア組織の財団理事に日本代表として立候補してほしいとの要請を受けたことでした。

最初は「英語ができないので無理です！」と固辞した篠河さん。しかし「アメリカでの会議には同時通訳をつけますから。英語ができなくても大丈夫。ぜひ……」と乞われ、断り切れずに立候補を引き受けたとのことでした。19カ国27名の候補者のうち書類審査で絞り込まれた８名が2000年の連盟大会で行われる最終選考に進むことになり、篠河さんもそのうちの１人に選ばれたのです。

会場となったハワイのホテルで2,000人を前にスピーチしなければならないと聞き、正直私は「これは大変なことになった！」と心の中で叫びました。というのも、当時の篠河さんの英語力は中学１年程度だったのです。日本語で書いてもらった演説原稿を私が英訳したのですが、それにカナをふって読むことさえ困難な状態でした。

救いだったのは、ハワイ大会まで３ヵ月あったことです。「毎日でも練習しましょう！」と私は提案しました。はじめの１ヵ月は読む練習、次の１ヵ月は原稿を丸暗記。最後の１ヵ月は人前でジェスチャーをつけて話す練習をしました。

篠河さん本人の後日談によると、見上げるほど大きな外国人と並んで舞台で演説したそうです。そして、原稿も見ずに英語でスピーチする小さな日本人は拍手喝采を浴び、その後の投票でダントツで当選。こうして篠河さんはアメリカ連盟の財団理事になったのでした。

それからの４年間、アメリカやカナダで年３回開催された理事会に篠河さんは出席。会議には通訳がつきましたが、それ以外の場面ではなんとか英語でコミュニケーションをとることができるまでになりました。これもスピーチの成功が大きく関わっていると私は信じています。英語はシニアも元気にしてくれるのです。

小樽商科大学

18 私が大学教授に？

母校、小樽商科大学から思いもよらないオファーがありました。2004 年に始まった OBS（小樽商科大学大学院ビジネススクール）で非常勤講師として「ビジネス英語初級」を教えてみないか、という誘いです。

ここに至るには、実は前段階がありました。ジョイを始めた翌年から１年半、私は帯広畜産大学で非常勤講師として留学生に日本語を教えていたのです。彼らは非常に優秀で、日本で学ぶ留学生たちのスピーチコンテストで１年目は２位、２年目は１位と５位、３年目は２位という好成績を修めました。このころ同大学の教授と知り合ったことで社会人入学ができると知り、28歳で同大学修士課程（農業経済）に入学。２年のところ４年かかってしまいましたが、周囲の協力もあってなんとか無事修了できました。

その後、同大で日本人学生に英語を教える機会をもらうと、2000年には北海道教育大学釧路校からも声がかかり、こちらは７年間非常勤講師を務めることに。そんな経験があったので、OBS には当然「やります！」と即答しました。

ところが、さすが大学院。レベルが高い！ しかも生徒のほとんどがすでに社会人として働いていることもあり、求められたのは「実用的な英語」。カリキュラムにもかなりの工夫が必要でした。

← 私の担当する講座は小樽ではなく、札幌サテライト校で開講されています。

そこで考えたのが「商大メソッド」です。

簡単に説明すると、まずはペアでテキストのダイアログを見ながら会話練習。５分後、今度は見ずにやってみます。丸暗記するのではなく流れを頭に入れて２人で会話を作っていくイメージです。かなりアドリブが必要なので「アドリブ英会話」とも呼べるでしょう。

この方法は、ただの会話文に躍動感が出てきます。ジェスチャーを交え、まるでコントをしているようなペアや、笑わせようとジョークを入れる人も。会話を発展させすぎる学生がいるときは、まったく違う話にならないよう注意します。

プログラムをより実践的にするために、12月最後の授業は英語でクリスマス・パーティーをしています。司会も開閉会のスピーチも学生たちに担当させるほか、ここで知り合った人に英語でお礼のメールをする、という課題も与えます。ゲストに外部の英語ができる学生や私の友人も招いているのですが、2004年からはプロのハーモニカ・プレイヤーの千葉智寿さんが特別ゲストとして来てくれています。千葉さんは若いころカナダで生活した経験があるので、曲紹介はもちろん英語。演奏も毎年とても好評です。

最終授業は英語でのプレゼンです。私の英語学校に品物やサービスを売り込むのがテーマで、毎年とても面白いアイデアが出てきます。忘れられないのは建設会社に勤務する学生による新校舎建設案で、校舎のデザインまでしてきたのには驚かされました。彼らの企画力には感動を覚えます。

2009年、母校から更なるオファーが。なんと私が特認教授に推薦されたというのです。これは非常勤講師としてかつて在職した人、または現在在職している人で、大学の教育、研究、地域貢献活動などに相応の功績が認められる人に与えられる称号と聞き、恐れ多いと思いつつも、ありがたく拝受することにしました。

2014年度からは受講者が増えたため（年によっては30名超！）、同じ時間帯に２講座同時開講することになりました。担当するのは私と、小樽商科大学大学院の小林敏彦教授。後輩でもある小林教授は大学時代、私の著書にサインを求めたことがあるそうです。ところが私は「サインなんかしたことないから」と断ったのだとか。その学生が今や80冊以上もの著書を出し、研究論文も多く執筆している実力者。そんな小林教授と一緒に仕事ができるのはとても光栄です。

毎年OBSがアメリカ・ノースウエスタン大学で集中講座を実施していることもあり、学生の間では英語に対する興味が高まってきているようです。北海道では今のところ英語を必要とする企業はまだ多くはありませんが、今後は海外とのビジネスは無視できません。私ごとになりますが、2014年から札幌の（株）シーズ・ラボという、主にカーナビゲーション・システムの開発を業務とする会社で月に１度、英語の職員研修を担当させてもらっています。

英語で元気になる北海道の企業は、きっとこれからどんどん増えていくことでしょう。

19 Elm Tree Dreams

父・浦島甲一は長年、北海道豊頃町で電器店を営んでいました。写真が趣味で、「あれこれ撮ってもよいものはできない。自分は十勝に特化する」というのが口癖でした。そんな父を有名にした被写体が豊頃町のシンボル、ハルニレの木です。10年にわたり四季を通じて撮影した写真は、ポスターやテレビCMに使われたり、写真集やDVDになって全国発売されました。

でも、まさか他界後自分のことが中学校の英語科教科書に取り上げられるとは夢にも思わなかったことでしょう。2006年から使用されている『ONE WORLD 3』（教育出版）のLesson 4「My Dream」で、1人の生徒が将来の夢についてスピーチをしているのですが、その中で「I want to be a photographer like Urashima Koichi.」と、父が紹介されているのです。

人生とは面白いもので、2009年、このページを使って模擬授業をしてほしい、というリクエストが届きました。それも遠く離れた大阪府寝屋川市教育委員会からです。こんなことが起こるとは夢にも思いませんでした。

さらに驚かされたのは、会場は収容人数1,200名の市民会館大ホール！ そこで地元の中学生30名とともに舞台に上がり、30分間の公開授業を行うという内容でした。しかも2台のカメラで映像

← 快く作曲を引き受けてくれた神山純一さんには感謝です。曲はYouTubeでも聴けます（歌：マヤ・ハッチ、演奏：宮本貴奈トリオ）。

を撮り、それがステージ両側に設置された大型スクリーンに映し出されるというのですから、まるでロックコンサートです。担当の先生と相談しながら私なりに授業構成を熟考しました。最終的には、父の紹介から始め、生徒の夢を聞いたあと私も自分の夢を語り、最後に「夢」をテーマにあらかじめ生徒が協力して書いた英詩に私が同じ長さの詩を付け加えたものを発表する。そんな流れを作りました。

しかしこれだけでは何かもの足りないと感じた私は、ひそかにあるものを準備しました。友人の作曲家・神山純一さんにお願いして、その詩にメロディーをつけてもらったのです。そしてジョイのアメリカ人講師2人に歌ってもらったものを録音。もちろん生徒には秘密です。

私の夢については、話を面白くするためにこんなことを思いつきました。「My dream is to become a photographer like Urashima Koichi.」。そうです。教科書に出てきた英文のまま、「浦島甲一のような写真家になるのが夢」ということにしたのです。とはいえ私は、スナップ写真こそ撮りはすれ、本格的な風景写真など撮ったことはありませんでした。

そうすることにした手前、自分でも少しハルニレの木を撮ってみようと考えました。これがきっかけで、帯広市から車で1時間かけて豊頃町まで通う日々は始まったのです。

けれども写真を撮るのはそんな生やさしいことではありませんでした。夜明け前の真っ暗な草原を1人ぼっちで歩くのです。服は朝露でべちょべちょになるわ、太陽は顔を出さないわ。目が悪い私にはピントを合わせるだけでも大変でした。それでも、かつて同じ場所で同じ木を眺めていた父。そこに今、カメラを手にする私。時空を超えて父と同じ「とき」を過ごしていると思うと、大きな感動で心が震えました。

結果、それなりの写真を十数枚ほど集めることができました。模擬授業の最後で「私の夢は写真家になること。それでは、私が撮った写真を見てね」と言いながらスクリーンに投影すると、そのタイミングで生徒と私とのコラボで作った曲、「Elm Tree Dreams」が！流れてくる歌詞が自分たちの作ったものだと気づいた生徒の表情は格別でした。これは英語教師としての私の人生において、忘れることのできない画期的な授業になりました。

さらにこの話には続きがあります。2012年春、その「Elm Tree Dreams」の楽譜が中学２年生用の『ONE WORLD』に掲載されました。そして、なんと2016年度からの改訂版ではあの名曲「Stand by Me」と肩を並べています。しかも、教科書の著作者の１人に私も加えていただきました！ こんな夢のようなことが現実に起きたのです。

それでもいちばんの驚くべきことは、私自身が今、本当に写真家になるのを目指していることです。１週間に１度は豊頃町に通い、ハルニレの木を通して父との対話を楽しみながら四季折々の姿を撮影しています。いつか父と私の写真展を開きたいと言い続けていましたが、40周年の今年それも実現しました。場所はもちろん、生まれ故郷の豊頃町です！ 英語は私にたくさんの夢を与え、そして実現させてくれました。

英会話
3行革命!
English Conversation:
In Three
Revolutionary
Lines
Bummer
Goodnight
Too much!

20 英会話3行革命

私は63歳になりましたが、今でも現役で英語を教えています。これまでありとあらゆる授業を担当させてもらいました。小学生からシニア、初級者から上級者、会話中心のクラスから受験英語やビジネス英語。さらにはジョイだけでなく専門学校、大学、文化教室から企業研修まで、かなり幅広い対象に英語を教えた経験があります。多くの機会を与えてくれたみなさんに感謝です。

いろいろな生徒を教えてきましたが、その半数以上が初級者です。「先生、なんとか英語が話せるようにしてください！」「初級者でも使えるような本を書いてください！」などと切実に訴えられたこともあります。自分の年齢を考えるとこの先長く教え続けるのは難しいかもしれませんが、私にはまだやり残した仕事がいくつかあります。その１つが、初級者をなんとか短期間で英語が話せるレベルにまで引き上げるということです。

私は以前から初級者に共通する、あることに気がついていました。当然と言えば当然ですが、それは質問に対しひとことで終わっているという点です。例えば、

A: Do you like sports?

B: Yes.

← 表紙のイラストは東京で活躍するイラストレーター・矢戸優人さんの作品。なんと帯広出身でした！（写真：「オランジュ」にて）

A: What sports do you like?
B: Baseball.
A: Who's your favorite player?
B: Masahiro Tanaka.

こんな返答をする人が非常に多いのです。これではなかなか初級の壁を破ることはできません。せめて、

A: Do you like sports?
B: Yes. I like baseball. My favorite player is Masahiro Tanaka. He's great.

この程度は話せるようになりたいものです。

今ジョイでは、あるプロジェクトが進行中です。それは「とにかく１行英語はやめてできるだけ３行で話そう！」というもの。３行で話す癖をつけることで、ひとこと英語から脱却できるのではないかと私は考えています。１行で終わる生徒がいれば、目で「もう少し話せないの？」というサインを送るようにしています。

「なぜ３行？」という質問を何度か受けました。私がいつもお世話になっている阿部一先生（阿部一英語総合研究所所長）によると、初級者は訓練すれば４行までは覚えることができるという研究があるそうです。偶然ですが、実は私は以前『英会話のかんづめ』（旺文社、1998年）という本の中で、４行で話すことを提案したことがあります。

ところがその本を手にしたシニアの生徒から「３行までならなんとかなっても４行は難しい！」と言われてしまいました。訓練された生徒が４行なら、訓練されていない人には３行が適当なのでは？ そんなことも含め、今回は私の英語指導者としての長年の勘から３行にしたというわけです。

私はこれを「英会話３行革命」と名付けました。もちろん18世紀半ばに起こったイギリスの産業革命にかけたダジャレです。そして各教室に「英会話３行革命：もし英語を話せるようになりたいなら、ひとこと英語にサヨナラしよう。３行で話すクセをつけよう！」というポスターを貼りました。

何度も何度も「３行で話そう！」と言い続けた成果は、少しずつ出てきました。ひとこと言ってこれで終わり、という素振りを見せる生徒が減りました。できないまでもなんとかもう少し話さないと、と考える生徒が増えてきました。ようやく３行革命が浸透してきたようです。これからが本当に楽しみになってきました。

さらなる発展を期待する私は、３行英語のマニュアル本を作りました。それが2014年12月に出版した『英会話３行革命』(IBCパブリッシング)です。私にとって29冊目の著書となったこの本では、一般的な話題を50選び、それに対する例文を３行１セットで３セットずつ用意しました。その他に「使えそうな５つの例文」も加えてあります。

帯広で始まった３行革命が全国的な広がりをみせてくれることを願っています。ある中学校ではすでに３行革命が進行中なのだとか。楽しみがまた増えました。

第3章 夢の英語学校を目指して

Excelsior

さらに高く

TA

Take it easy, and have fun!

Aug 1 '99
Thank God July of '99 has gone & we're still alive

June 18
What a be... building

S. Nagasaki

Fisher ground

Satoh 9/23/89

I view great cit... pestilen... moral... the

ANCE!

never

21 帯広が英語圏に!?

札幌で松本道弘さん（かつてNHKテレビ『英語会話３』でインタビュー番組を担当。「英語道」に関する著書多数）の講演を聞いて帯広に帰る夜行列車の中、私は窓の外を見つめながら物思いにふけっていました。「さすが札幌。あれだけの大物を呼んで講演会を開き、札幌市内のみならず道内各地から人を集めることができる……。帯広で同じような講演会を開いたとしたら、果たして札幌からも人は来るだろうか？」

英語の学習しかり、音楽や芸術全般において、とにかく地方在住というのはハンディとなります。文化は水のように高いところから低いところへと流れるもの。けれども若かった私にはいつの間にかチャレンジ精神が芽生えていたのでした。文化の逆流を起こそう。それも地方の小さな町、帯広から。

列車での３時間、窓に映る自分と２人で、そのためのアイデアを話し合いました。イメージとして浮かんだのは、以前テレビで見たウィリー・ネルソン（アメリカが誇るカントリー・ウェスタンの人気シンガー）の砂漠でのコンサート。不便な場所にもかかわらず大勢の人が会場に集まってくるのです。一向に進もうとしないハイウェイを車で、中には近くまで小型飛行機やカヌーを使う人もいたり、とにかくあらゆる手段を使って人々は会場を目指すので

← 「英語の壁」はジョイの宝。講演などで来てくれた著名な講師たちのサインとともに旧校舎からＡ館に引き継がれました。

す。

一般的な講演会では講師が舞台に立ち、聴衆が客席に座ります。質疑応答の時間が取られたとしても一方通行になりがちです。「参加者がもう少し気楽に講師と直接話すことは出来ないだろうか？」そんなことを私は考えていました。そうしてたどり着いたのが、集まった人たちで英語のみの空間を作り、その中で講演やシンポジウムをするというものです。さらには、このかりそめの英語圏をよりそれらしくするために「日本語を話すと100円の罰金」というルールまで思いつきました。こうして1978年に始まったのが、AED（オール・イングリッシュ・デイ）です。

第１回目はまさに感動そのものでした。罰金を払ってまで挑戦したい人が果たして帯広にどれだけいるのか不安でしたが、蓋を開けてみれば集まったのは30名。日曜の午後、６時間もの英語圏を楽しみました（苦しんだ人もいたかもしれませんが）。時間内に組まれたすべてのプログラムが英語で行なわれただけでなく、休憩時間も英語を貫いたのでした。

当時は帯広に住む外国人は少なく、第１回に参加してくれたのは浦幌町にあったアメリカ沿岸警備隊の基地で働いていたアメリカ人、それにスリランカからの留学生の２人だけ。けれども、第20回の最終回を迎えたころには、JICA（日本国際協力事業団）の関係で帯広に滞在していた研修生（主にアジア、アフリカ、南米から）が、なんと20ヵ国30名以上も参加してくれました。この20年の間に大きく変化した帯広。いたるところに外国人がいる現在の状態を、当時は誰が想像できたでしょうか。

記念すべき第1回の特別講演は、川田章博さん（十勝を代表する川田工業株式会社の代表取締役社長で、カリフォルニア大学バークレー校卒業という経歴の持ち主）にお願いしたのですが、アメリカの教育制度に関する本格的なものでした。そして、「日本の英語教育を考える」というシンポジウムも同時開催しました。

今考えれば小さなイベントです。でも、うっかり日本語が出てしまって罰金を払う滑稽なシーンも興を添え、長時間思う存分英語を使うことができるという実に楽しいイベントとして定着していきました。

その後、AEDは年々発展。続々と有名な講師が来てくれました。マーシャ・クラッカワー（NHKラジオ『英語会話』講師）、西山千（国際コミュニケーター）、トミー植松（玉川大学教授）、國弘正雄（日本テレビ・ニュースキャスター）、村松増美（サイマル・インターナショナル会長）、杉田敏（NHKラジオ『やさしいビジネス英語』講師）、大杉正明（NHKラジオ『英会話』講師）、長崎玄弥（英語教育評論家）、東後勝明（早稲田大学教授）、遠山顕（ラジオ『百万人の英語』講師）、小川邦彦（山梨大学教授）、松香洋子（松香フォニックス研究所所長）、松本茂（NHKテレビ『英会話Ⅰ』講師）、吉田研作（上智大学教授）。今その名前を見るだけでも驚いてしまうような豪華なゲストです！ 英語は多くの刺激的な人たちとの出会いを演出してくれました。

（敬称略・順不同。肩書きは当時）

Northern Lights
Northern Lights
1990 Vol.11
FROM HOKKAIDO, THE LAND OF PIONEERS
Northern Lights
1989 Vol.10
FROM HOKKAIDO, THE LAND OF PIONEERS
Northern Lights
1996 Vol. 17
Northern Lights
Have You Ever Heard The Whisper of the Aurora
Dreams Come True
Surfing Hokkaido's Shonan
The Agony Of Coming Into The World
Thanks For 20 Years of Joys, Uncle Joy
¥600 $6.00
Printed on Recycled Paper
From Hokkaido, The Land of Pioneers
JOY PRESS
Northern Lights
FROM HOKKAIDO, THE LAND OF

22 最北の英文雑誌

AED（オール・イングリッシュ・デイ）とNL（英文雑誌『Northern Lights』）は兄弟だと私は言っています。というのも、第2回AEDで「地方の時代は来るか？」というテーマでシンポジウムをしなければ、またそれを記録に残したいと考えなければ、NLは誕生しなかったからです。

名付け親は、当時帯広畜産大学で非常勤講師をしていたメアリー・ミラー先生でした。英文雑誌を創刊したいので名前を考えて欲しい、とお願いすると、翌日少し興奮気味の彼女から電話が。「ノーザン・ライツはどう？ 北極圏で見えるオーロラのことなの」。聞いた瞬間、「これだ！」と思いました。

タイトルは決まったものの、実は明確な編集方針などないまま進めてしまったので、ただ英語で書いた文章をまとめて1冊の本にしただけ、というのが正直なところでした。とはいっても、英語で何かを書くことのできる人が周りに少なく、また予想以上に出版費用がかかるなどの理由から挫折すること3度。ようやく完成したのは、1980年7月のことでした。

創刊号はまるで学生の文集のようでした。安い電動タイプライターを使っていたので文字はいたる所でかすれ、レイアウトも単純。費用がかさむので写真は極力使わず、海外の雑誌からイラス

← 年に1冊コツコツと17年間もよく出しました。今の私にそんなガッツはあるのでしょうか。

トを借用。広告のほとんどは帯広市内の喫茶店や建設会社のもので、“国際”という言葉からはほど遠いものでした。けれども、北海道初の英文雑誌が誕生した日は涙が出るほど嬉しかったのを覚えています。

創刊号をカバンに入れ、私は「行商」のため札幌へ。喫茶店に友人を集めNLを見せたのですが、反応は冷たいものでした。「これを売る気なの？」と言う人まで出る始末。書店や大手の英会話学校を回っても返ってくる反応はほぼ同じでした。理想と現実とのギャップに驚いた私は、知り合いを回って１冊ずつ手売りするしかないと悟りました。

ところが、幸運なことに北海道新聞が「北海道初の英文タウン誌が発行された」という記事を全道版に載せてくれたのを機に現金書留が毎日事務所に届くように。結果的に1,500部印刷した創刊号は、完売となりました。

さて、第１号が売れたことで私は第２号の発行部数を2,000部に増やしました。創刊号に比べ内容も見た目もはるかによい出来だったため、必ず売れるという確信があったからです。しかし、結果は無惨。マスコミにあまり取り上げてもらえず、自らの資金で宣伝することもできず、販売ルートを持たない雑誌とくれば売れるわけがありません。私は大きな壁に打ち当たってしまったのでした。

そんなある日届いた、１通の手紙。送り主は、古田宏三さん（アメリカンエキスプレス副社長）という国際ビジネスマンとして東京で活躍している北海道出身の方でした。手紙には、北海道新聞で紹介されたNLを読みたい、とあり、また古田さんのお兄さんが札幌で「みやま書房」という郷土出版の会社を経営しているということも知らせてくれていました。

早速「みやま書房」を訪問させてもらうと、そこには、貴重な仕事を長年続けてきた出版人の姿がありました。刊行物は北海道の方言の話や郷土史ものが多く、爆発的に売れそうなものはありません。「どんな地味な本でも、少しずつ売れ続ける。そして、いつか手元からなくなる！」とお兄さん。目からウロコでした。NLは年刊誌なのだから、単行本のように作ろう。古くなると価値がなくなってしまう情報を扱うのはやめよう。これらが後にNLの編集方針となった「北に生きる人間、風土そして文化」につながることになるのです。

1996年まで続いたNLでしたが、残念ながら第17号をもって休刊に。景気悪化のため広告が集まらなくなったのです。このときまでには、毛利衛さん（宇宙飛行士）、マイク・マンスフィールド氏（駐日大使）など著名な方々に記事を提供してもらったり、アメックスやトヨタなど一流企業から広告をいただくなど、体裁的には一流雑誌に成長していました。

光栄にもNLの出版に対し、北海道青少年科学文化振興賞国際交流部門（1985年）、北海道国際文化交流奨励賞（1990年）、帯広市文化奨励賞（1991年）、千嘉代子賞（1993年）を受賞。これも途中から編集長を引き受けてくれたデイビット、英文校閲を担当してくれたウィリー・ジョーンズ先生、その他たくさんのみなさんのおかげです。英語は私に思いもよらない喜びを運んできてくれました。

（敬称略・順不同。肩書きは当時）

SDSU
SAN DIEGO STATE

23 暑い夏、熱い英語教師

夏になると必ず思い出すことがあります。それは、道内各地から「SDSU（サンディエゴ州立大学）TEFL Certificate Program」に参加するために集まった、素晴らしい英語教師たちと過ごした日々のことです。講師のアン・エディガー先生のセンスのよい授業、ディスカッション、プレゼン、そして毎日ともにしたランチ……。1993年から４年間続いたそれは、私のすべてを投入して真夏の帯広で実施した画期的なプログラムでした。

英語学校として軌道に乗ったジョイですが、当時の私には悩みがありました。小学生から高校生に英会話を教える先生が不足していたのです。日本の大学で英語教育を専攻しても英会話学校で教えるには何かが足りない。そこに気づいた私が注目したのが、海外の大学で開講されていたTESL（Teaching English as a Second Language、第二言語としての英語教授法）とTEFL（Teaching English as a Foreign Language、外国語としての英語教授法）でした。

今から20年以上も前、40歳になったころの私は、すべてにおいてとても燃えていました。自分が経営する英語学校のためだけでなく、北海道全体の英語教育のために貢献したい、なんて生意気なことを考えていたのですから笑ってしまいます。そんな私が最

← 参加者全員にサンディエゴ州立大学のロゴ入りＴシャツをプレゼントしました。今でも持っている人は何人いるでしょうか？

終的にたどり着いたのは、アメリカの大学と組んでTEFLのプログラムを帯広で開催する、という一見無謀なプランでした。

単身、２度アメリカまで足を運びました。つてを頼っていくつかの大学を訪問した１度目は、どこにもまったく相手にしてもらえませんでした。当然と言えば当然です。当時のジョイは生徒数500人程度。日本の北海道、その中の地方都市・帯広の小さな英会話学校でした。そんな学校を信用してくれる大学などあるはずがありません。

それでもあきらめないのが若さです。別のつてを頼り２度目の訪米で向かった有名大学こそが、カリフォルニア州サンディエゴ市にある、SDSUだったのです。留学生のための英語プログラムなどを運営する生涯教育学部が窓口で、私に与えられた時間はたったの１時間でした。

後から聞いた話なのですが、学部のディレクターに会うなり私は、自分が考えたプログラムを説明しはじめたそうです。彼の知る、スモールトーク（世間話）がラージになる日本人とは異なる行動だったのだとか。それだけ私は必死だったのでしょう。話を終えるとディレクターに「今夜は何か予定があるのか？」と聞かれ、ないと答えた私は彼と日本食レストランでもう１度会う約束をしたのでした。

食事が始まると驚きの発言が飛び出しました。「一緒にやろう！」それを耳にした途端、それまで強気だった私は急に弱気に。「ジョイは小さな、プライベートの英会話学校だ」ということを何度も確認しました。そのとき返ってきた言葉を、私は一生忘れることはないでしょう。「私は組織と仕事をしたいのではなく、あなたと仕事がしたいのです！」思い出すたびに目頭が熱くなります。

こうして、翌1993年からSDSUとジョイ共催の「SDSU TEFL Certificate Program」が始まりました。１日90分の授業を４コマ、10日間受講するとSDSUからTEFL Certificate Courseの修了書がもらえるというものです。ただし、受講にはTOEFLスコア530点か英検準１級の資格を必須条件としたので、当時としては高いハードルだったこともあって、残念ながら４年でこの夢のプログラムは終了してしまいました。

プログラムの修了者は全４回で44名。彼らは今、道内各地の中学、高校、大学、英語学校などの教育現場で立派に活躍しています。そして講師のアンは今ではニューヨーク市のハンター大学の教授となり、英語教授法の修士課程を担当。英文法の著書を何冊も出版しています。

もう１度あの暑い夏、熱い英語教師たちに会いたいものです。そして聞きたい。「あなたはまだ英語教育に燃えていますか？」もちろん、私はまだ燃えています！

24 理想の英語教師を目指して

1冊の小冊子を見ながら、あのころのことを思い出しています。これは、9年間にわたり開催したイベント「北海道英語教育フォーラム」でスタッフの一員として頑張ってくれた田代浩司さんが記念に作ってくれたもので、プログラム、スタッフからの言葉、記念写真が収められています。私はイベントを企画し実行するのは得意なのですが、資料にして残すという作業がかなり苦手です。田代さんのおかげで目に見える形になったものを見たときは、思わず感涙でした。

このフォーラムは、ジョイですでに開催していたサンディエゴ・プログラム（SDSU TEFL Certificate Program）の姉妹プログラムとして生まれました。アメリカ型のものに日本的なタッチを入れたかったのが大きな理由です。そのおかげでバランスのよい英語教授法プログラムになりました。サンディエゴ・プログラムの参加者のみならず北海道各地から中学、高校、専門学校、大学、それに英語学校と、多種多様な英語指導者たちが集結。最終的には120名も集まる一大イベントになりました。

こんな素晴らしいフォーラムが実現したのは、阿部一先生（獨協大学教授）のおかげです。毎回引き受けてくれた基調講演で最新の英語教育情報を提供してくれました。

← 田尻悟郎先生のセミナーは熱気でムンムン。2004年Newsweek「世界のカリスマ教師100人」に選ばれ一気に全国区に。

このフォーラムに参加したことがあるという方から、今でもよくいろいろなところで声をかけられます。「また始めてください！」と言ってもらえることも。英語教育関係者の間でかなりインパクトのあるイベントだったことは間違いありません。

フォーラムの魅力は、なんといっても豪華な講師陣でした。阿部先生をはじめ、東後勝明（早稲田大学教授）、金谷憲（東京学芸大学教授）、大杉正明（清泉女子大学教授）、JDブラウン（ハワイ大学教授）、ロバート・オニール（『ロスト・シークレット』著者）など、著名な先生方が参加してくれたのですから驚きです。このフォーラムの特長は、中学・高校・大学の垣根を取り払っただけでなく、民間の英語学校で教えている講師をも巻き込んだということでした。そんなことから、児童英語で有名な仲田利津子（AETC子ども英語教師の会代表）、外山節子（アジソン・ウェスレイ児童英語教育アドバイザー）も来てくれました。

ほかにも、谷口幸夫（筑波大学付属駒場中・高校教師）、菅正隆（大阪府立長吉高校教諭）、蒔田守（筑波大学付属駒場中学校教諭）、田尻悟郎（松江市立第一中学校教諭）、中嶋洋一（富山県砺波市立出町中学校教諭）、直山木綿子（京都市立永松記念教育センター研究員）。名前を見てビックリする人は多いでしょう。正直、フォーラムに来てくれた時点では知る人ぞ知る、というような、北海道初上陸という先生がほとんどでした。ところがその後の活躍たるや、ここで述べる必要がないほどです。

特に圧巻だったのは、田尻先生のセミナーでした。授業の進め方、生徒とのやりとり、そして授業の工夫。どれをとっても抜群でした。

その田尻先生は後にカリスマ教師としてテレビにも登場。あれよあれよの間に全国区となり、関西大学教授として大活躍している現在も、何度もジョイで講演やセミナーをしてもらっています。

こんな素晴らしい講師陣が揃ったのも、すべてスポンサーの協力、そしてネットワークの賜物です。講師を務めてくれたみなさん、そして何時間もかけて遠くから来てくれた参加者のみなさんに感謝です。

最終回のフォーラムは、2001年8月5日。このときはジョイではなく、帯広市内のNCビルを会場に開催しました。実はこの年、ジョイは校舎を建て直しています。このフォーラムをやめた理由のひとつは、会場の問題でした。加えて、他の団体や企業が同じようなセミナーや講演会を開催しはじめたという背景もありました。そういったことから、当初の目的はもう果たせたという判断をしたのです。

このイベントは、珍しくジョイ単独の主催ではなく実行委員会との共催でした。そのメンバーとして協力してくれたみなさんにはとても感謝しています。今では大学の先生になっている人、指導主事になっている人、今も現役で教育現場で教え続けている人。嬉しいことに、これらすべての人と今だに交流が続いています。英語が広げてくれたネットワークは私の財産です。

（敬称略・順不同。肩書きは当時）

25 3人のスーパースター

ジョイが20周年を迎えた1996年、私は最高の記念イベントを企画しました。NHKラジオの英語講座で活躍していた杉田敏（『やさしいビジネス英語』）、大杉正明（『英会話』）、遠山顕（『英会話入門』）の３人を招いてのシンポジウムです。私にとって今でも特別なこの３人との出会いについて触れないわけにはいきません。

杉田さんを紹介してくれたのは、当時アメリカンエキスプレス副社長だった古田宏三さんでした。このとき外資系のバーソン・マーステラ富士の副社長だった杉田さんが、化粧品会社エイボンがスポンサーになっていた女子マラソンの仕事で帯広に来ることになったのです。1983年のことでした。

そこで、夏井忠之さん（十勝川温泉第一ホテル支配人。現在はトマムでペンション「イング・トマム」経営）に相談すると、モール温泉は美人の湯として知られているから女子マラソンにはピッタリ、ぜひ十勝川温泉を舞台にやりたい、と乗り気になってくれました。ところが、実は杉田さんが準備していたのはこの年ではなく、翌年だったのです。

そこで話は終わると思いきや、「今年エイボンに予算がないなら、自分たちでエイボンの鉢巻きを作って大会をやらせてもらいます！」と夏井さん。この言葉にエイボンのスタッフは感動し、第

← ３人は私のスーパーヒーロー！ 20周年と同じメンバーで40周年記念イベントができるなんて夢のようです。

1回十勝川温泉エイボン女子マラソンが実現したのでした。このように、私と杉田さんを近づけてくれたのは夏井さんの勘違いがきっかけでした。

大杉先生(清泉女子大学教授)との出会いは、1988年。AED(オール・イングリッシュ・デイ)のゲストとしてNHKラジオ『英語会話』の元講師だった東後勝明先生(早稲田大学教授)に来てもらいたかったのですが、断られてしまいました。それなら現役の『英語会話』講師に来てもらおう、と私は変なところで根性をみせたのです。

当時、大杉先生は番組を担当して1年でしたが、英語のセンスは抜群。ジョークがうまく、これは人気が出るなという予感がしました。つてを頼って連絡したところ、第11回AED(1988年)の特別講師を快諾してくれたのでした。

当日は惜しみなく参加者と交流し、最後のパーティーでは歌まで披露してくれた大杉先生。2次会も大いに盛り上がり、そのままいけば私の大杉先生に対する印象は「底抜けに明るく、開けっ広げな先生」で終わっていたでしょう。しかし、ドラマは送り届けたホテルのロビーで起こりました。

謝礼を渡すと、大杉先生は私の目の前で封筒を開け、お礼を数えはじめたのです。これにはビックリ! すると、6枚抜き取って私に差し出し、「これをフォスター・プランに使って。女房から、英語教師は世界が平和だから成り立つ職業なのよ、と言われてね。それはもっともでね。それで私もフォスター・チャイルド(里子)を持ったんですよ」。すっかり私は、人間・大杉正明の大ファンになってしまいました。

遠山さんと初めて会ったころ、私はAEDのゲスト選びに困っていました。思い入れのある諸先生のほとんどがすでに来てくれていたからです。そこで新しい人を探してみよう、とラジオ『百万人の英語』を１週間聞いてみたところ、いちばん魅力を感じたのが、遠山さんだったのです。

当時、遠山さんは神田外語学院で教えていましたが、劇団アップスに所属する役者さんでもありました。番組では人気があった遠山さんですが、私の周囲ではまだその名を知る人は少なく、著書も書店では購入できないものばかりだったため、私は生意気にもあるお願いをしたのです。それは、AEDまでに１冊出版してほしい、というものでした。

遠山さんは約束を守り、第14回AED（1991年）までに『英会話ああSAYこうSAY』（ジャパンタイムズ）を完成させてくれたのです。この本の冒頭で「最初から最後までああせい、こうせい、と執筆に関する貴重なアドバイスをいただいた浦島久さんにあらためて感謝します」と彼らしいユーモアのあるコメントを書いてくれています。

こうして迎えた1996年6月23日、日曜日。会場のとかちプラザ・レインボーホールは定員の350席が満席に！ ３人には、英語との出会い、英語修業時代、英語の魅力、上達の極意などを楽しく語ってもらいました。そして20年後の2016年10月30日、憧れの３人とともに再び立つ舞台。いちばん楽しみにしているのは、きっとこの私です。英語が私に見せてくれる夢は途切れることがありません。

26 すべての学習者のための「英語の祭典」

食欲の秋、読書の秋、芸術の秋、スポーツの秋……。秋に対するイメージは人それぞれですが、私にとってはなんといっても「英語の秋」です。ジョイを開校して以来、1年でいちばん大きく、かつ重要なイベントはすべて秋に開催してきました。

1978年から20年間続いたのがAED（オール・イングリッシュ・デイ）です。当時は帯広のような地方都市で外国人に会うことは少なく、まして英語学校が外国人講師を雇うのもかなり難しい時代でした。そんなとき出たアイデアが、「人工の英語圏」を作るというもの。「日本語を話すと罰金100円」というルールの下、この日だけは、朝から夕方まで約6時間の「人工の英語圏」がこの帯広に誕生したのです。

けれども、20年も経てば社会環境も変わります。地方に住む外国人も急増し、英語を使う機会も出てきました。そこで1997年、AEDに代わってスタートしたのが「英語EXPO」です。日本経済は絶好調。人々が気軽に海外留学へ飛び出しはじめたころでした。それに合わせ、英語学習や英語に関する各種資格試験、海外留学に関する情報などを提供するとともに、同時進行する複数のセミナーの中から参加者が各自好きなものを選択して参加できる、というスタイルにしました。

⬅ 遠山顕さんは特別ゲストとして4回も英語 EXPO に来てくれました。一緒に企画した英会話コンサートもよい思い出です。

実は、これはあるイベントを参考にしたのです。アルクの「Language EXPO」がそれで、広大な会場に教材会社や英語学校のブースが並び、有名講師のセミナーなどがそこここで展開。入場者数も半端な数ではなく、まさに本物のEXPO（博覧会）でした。

英語EXPOはそれのミニ版を狙いました。教室に英語教材、英会話学校、留学斡旋、英語検定試験などの業者のブースを準備し、セミナーも実施。参加者は興味があるセミナーを受講したりブースを見て回ったり、自由に参加できる。こんなイメージを描いて第１回を迎えたのですが、残念ながら混乱のうちに終了してしまいました。原因は、イメージは私の頭の中にあっただけで、参加者はもちろんのことスタッフすらも何をしていいかわからず右往左往してしまったからです。

すぐにLanguage EXPO方式はジョイには合わない、ということがわかりました。参加者たちはみんな真面目なので、大半がセミナーというセミナーは全部出席。つまり、セミナーの時間になるとブースには誰もいなくなってしまったのです。そんなことで、翌年からは業者によるセミナーもプログラムのひとつとして組み込むことにしました。

このイベントは開始当初からかなりの人気でした。もちろん、特別講師にいろいろな人が来てくれたおかげです。國弘正雄（英国エジンバラ大学名誉客員教授）、高野孟（『インサイダー』編集長）、遠山顕（NHKラジオ『英会話入門』講師）、大杉正明（清泉女子大学教授）、鹿野晴夫（TOEIC Friends Clubアドバイザー）、松崎博（アメリカンハウス代表）、晴山陽一（英語教育研究家）、杉田敏（NHKラジオ『ビジネス英会話』講師)、西蔭浩子(大正大学教授)、桂かい枝(落語家)、田尻悟郎(関西大学教授)、江口裕之(NHKテレビ『トラッドジャパン』講師)。今考えてもすごいメンバーです。そして、アメリカ、カナダ、オーストラリア、ニュージーランドから大学や語学学校の担当者もわざわざ来てくれました。それほど日本人が海外を目指していたということです。

2011年の最終回は最高に盛り上がりました。江口裕之さんの特別講演「科学と音楽と英語」での、工業専門学校からプロのミュージシャンへ、そして英語教師に転身したという話はとても感動的でした。そして、さらに楽しませてくれたのが江口さんの音楽家としての顔。イベント最後のパーティーで、ギターの弾き語りを披露してくれたのです。実は、元々プロのシンガーだった江口さん。この翌年、新しいアルバムをリリースして再デビューを果たしました。

イベントというものには、それを育てる醍醐味があります。事実、15年続いた英語EXPOは当初考えていたものとはまったく違う形に成長しました。けれども、どんなことにも最盛期というものが必ずあり、それを迎えた後はマンネリに陥りやすくなるもの。そうなると次の「何か」をやりたくなるのが私です。人の喜ぶ顔が見たい。そのために頑張れることを私に教えてくれたのも、英語でした。

(敬称略・順不同。肩書きは当時)

27「文法の日」

——今日は文法の日でした。「いつからそんな祝日ができたの？」なんて質問がきそうですが……。ことの始まりは、古くからの友人で東京(正確には西東京市で、以前は田無市と呼ばれていました)で「アメリカンハウス」という英会話学校をやっている松崎博さんから送られてきた『なるほど！英文法Q&A』(語研)でした。さすがベストセラーの英会話本を何冊も出している松崎さんだけあって、なかなかおもしろい切り口の文法の本です。

松崎さんの本をめくっていると、ある洋書系の出版社から電話がありました。用件は、今度出る文法のテキストのアンケートに答えてくれないか、というものでした。それまでジョイで使っていたものよりもよさそうなので、即座にOKしました。この出版社は文法を次のマーケティング戦略のターゲットにしているようです。

私自身もそうでしたが、「日本の英語教育をダメにしたのは文法中心の授業だ！」なんて声高々に主張していた時期もありました。でも、冷静に考えてみると、私は学生時代からパズルのような文法問題を解くのが大好きだったのです。そして、その文法のベースがあったからこそこうして英語教師を続けてこられた気がします。

← 記念すべき年の特別ゲストは人気急上昇中の山田暢彦先生。セミナーの最後には英語の歌のプレゼントもありました。

何人かの著名な先生と話して共通するのは、新しい文法の時代が来るような予感です。それはこれまでの七面倒くさい重箱の隅をつつくようなものではなく、使える文法が前面に出たものでなければなりません。いつか誰かがやってくれる、ではなく、何か自分でも具体的に動き出したい気がする今日このごろです。4月11日は文法の日でした。——

長々と引用してしまいましたが、これは2005年4月11日に私がブログ「浦島久の玉手箱」に書いたものです。これが発想の基になり、翌年私は「文法の日」を制定。4月9日の第1回をもって文法の日セミナーが始まったのです。このときのゲスト講師は、松崎博さんでした。

その後、阿部一（阿部一英語総合研究所所長、元獨協大学教授）、小林敏彦（小樽商科大学大学院教授）、中嶋洋一（関西外国語大学教授）、晴山陽一（作家、英語教育研究家）、今井康人（立命館中学校・高等学校教諭）、鹿野晴夫（ICCラーニング代表取締役）という著名な先生方に来てもらい、刺激的なセミナーは毎回とても好評でした。

北海道の地方都市・帯広から始まったこのイベントの転機は、全国74の英語および外国語学校が加盟する、一般社団法人全国外国語教育振興協会（全外協）が共催に名乗りを上げてくれた2010年でした。主旨に賛同した日本英語検定協会が後援に、The Japan Times、ケンブリッジ大学出版局、三修社なども協賛に名を連らねたことにより、「文法の日」は全国に広まっていったのです。これまで私は多くのイベントを企画運営してきましたが、「文法の日」

の広がりは発案者としてとても光栄なことです。

記念すべき10回目となった2015年5月31日。元祖「文法の日」のジョイでは、阿部一先生と小林敏彦先生の２人を特別講師に迎えました。これで３度来てもらったことになる阿部先生は、このイベントの精神的な支柱と言っても過言ではありません。

「文法の日」提唱者の私も、嬉しいことに最近は他の都市から声を掛けていただけるようになり、昨年は江別市（北海道）、東京都、周南市（山口県）でセミナー講師を務めさせてもらいました。江別市では、ハイツセンター・イングリッシュスクールさんの45周年イベントだったため、会場はなんと480名収容の大きなホール。特別ゲストの落語家・桂かい枝さんの人気もあって、たくさんの人で埋め尽くされた客席を見てとても感激しました。今年は仙台市（宮城県）、新潟市（新潟県）で話させてもらいました。ジョイは、ベストセラーの著書やテレビCMが話題の山田暢彦先生（NOBU English Academy主宰）をゲスト講師に迎え、11回目にして初めて上級者対象の英語での講座も開催しました。

まるで冗談から生まれたような文法の日。それは受験や資格試験のための文法ではなく、コミュニケーションのための文法を考える日です。１年に一度でもそれを再認識するきっかけを与え続けることができれば幸いです。これからも全外協の加盟校の協力の下、文法の日はさらに発展していくことでしょう。自分の夢と可能性が無限に広がっていくような高揚感を英語が与えてくれました。

（敬称略・順不同）

28 なぜ英語学校で落語を？

6月といえば、ジョイ寄席です。「英語学校がなぜ落語？」とよく聞かれるのですが、これは落語家・桂かい枝さんとの出会いがなければ実現しませんでした。かい枝さんとの縁を結んでくれたのは、大杉正明先生の「絶対ジョイに呼んだ方がいい！」という一言でした。大杉先生が当時ホストを務めていたNHK教育テレビ『いまから出直し英語塾』に、かい枝さんはレギュラー出演していたのです。

かい枝さんは、世界21ヵ国105都市で300公演以上（2016年4月時点）を成功させているほか、文化庁文化交流大使として2008年4月から半年間で全米30都市以上を回り、行った公演数は60以上。自らハンドルを握りキャンピングカーで旅する様子がNHKテレビなどでも放映され、その名が知られるようになりました。

そんなかい枝さんのジョイ初登場は、2005年の英語EXPOでした。これまでの英語教育界にはないキャラクターで、お腹の底から笑わせてもらいました。笑いのプロはさすがに違います。あまりに面白く大好評だったため翌年も再登場してもらったのですが、このときは大杉先生とのダブルキャストという豪華版でした。

私が「永遠にかい枝ファンになる！」と決心した出来事があります。それは2007年10月、30周年記念イベントでのことでし

← 私は自称「桂かい枝 十勝ファンクラブ」会長。心身ともに快調である限り、いつまでも全力で応援します！

た。このとき、NHKテレビおよびラジオで人気の杉田敏、大杉正明、遠山顕、田尻悟郎という４人の超豪華ゲストを迎えての英語EXPOスペシャル、加えて関係者を招いたパーティーを予定していました。

ところが直前になって遠山さんが急病で来られないということに。誰か代わりを探そうと、私は可能性のある人に電話を掛けまくりました。かい枝さんもそのうちの１人だったのですが、何度掛けても出てくれないのです。私は頭を抱えました。そんな私の姿を見て妻・洋奈が一言。「大丈夫。かい枝さんは来れると思うよ」。根拠もなく落ち着き払ったその態度も言葉の意味も、このときはわかりませんでした。

実は、かい枝さんと妻は２人であることを企んでいたのです。それは、ホテルでのパーティーに、かい枝さんがサプライズで登場するというものでした。前日に小樽での仕事が入っていたかい枝さんは、本名でホテルを予約し、私に会わないよう万全を期して帯広入りするつもりだったそうです。おかげでゲストが４人揃い、英語EXPOスペシャルは豪華なイベントとなりました。

かい枝さんはこの年の６月にも30周年記念イベント「英語落語寄席」にダイアン吉日さんとともに出演してくれています。ジョイでお馴染みになるにつれ「日本語の落語も聞いてみたい！」という声が強くなっていきました。なにせかい枝さんは、NHK新人演芸大賞、文化庁芸術祭新人賞などを受賞している人気落語家です。そんなわけで2010年、ジョイ寄席「桂かい枝 落語独演会」が始まったのです。

会場にしているジョイＡ館２階の教室の天井からは、かい枝さん寄贈の「ジョイ寄席」と書かれた提灯が下がり、机を積み上げて作った高座には金屏風が現れ、英語学校がこの日だけ演芸場に変身します。当日は私もスポンサーの鎌田醤油さんから借りた半纏を着て、受付のしのぶちゃんも着物姿。外国人スタッフは日本語での小咄を披露します。

なんといっても嬉しいのは、毎年120名ものお客さんで満員御礼、会場は笑いの渦と化すことです。たくさんのスポンサーにも支援していただけて、寄席の最後には各社提供による賞品が当たるお楽しみ抽選会を行い、かい枝さん自ら抽選券を引きながら大いに笑わせてくれます。

かい枝さんによると、十勝の人は大阪人並みによく笑ってくれるそうです。これは本当に嬉しいコメントです。確かに、みなさん涙を流しながら笑っています。毎年続けてきたことによってお客さんの笑いのレベルも上がってきているのには、かい枝さんも満足気です。

国際人になるための必要条件のひとつは、自国の文化を理解すること。そういった点からも、このイベントを大人だけでなく子どもたちにも提供していきたいと考え、2015年から「こども落語会」も同時開催することにしました。普段とは違った角度から英語に触れることで、子どもたちにもあらためて英語の楽しさを感じてもらえたらと思います。

「英語学校がなぜ寄席を？」そんなことを聞くのは「もうよせ！」

柴原智幸
Tomoyuki Shibahara
JOY

29 日本一の英語学校

AED(オール・イングリッシュ・デイ)の次に始めた英語EXPOにも終止符を打つときが訪れました。実際のところ、バブル期に生み出したイベントに疲れてしまった、というのが率直な理由です。セミナーも各自好きなものを選んで参加するため、教室移動が混乱を招いていました。加えて、そのシステムでは各セミナーの参加者数が読めないというのも、講師を務めてくれる方々に申し訳ないと思っていたのです。

そんなときに思い出した、私の夢。いつか大学の学長になりたい、と昔から公言していました。残念ながら資格や品格などを考えると、これは夢の夢です。それならば、と次に言い出したのが、日本一の英語学校を創るということでした。けれども私に残された年月を考えると、なかなか厳しい現実が見えてきました。

しかし、ここであきらめる私ではありません。さらに考えたのは、「それなら1年に1日だけ日本一の英語学校にする！」というアイデアです。イベント名はずばり「夢の英語学校」。題字は有名な帯広の書家・八重柏冬雷先生に書いてもらいました。このことだけでも、どれだけ力が入っていたかわかってもらえるでしょう。

開校の年、2012年は燃えました。夢の学校ということで、こだわりにこだわり抜き、本当の学校のような雰囲気作りを目指した

← 2度「夢の英語学校」に講師として来てくれた柴原智幸先生。次はいつ来てくれますか？

のです。このときの案内文は、「今年はジョイに夢の英語学校が開校します！ これは１年に一度日本一の英語学校を創る、という発想です。学生時代に戻ったような雰囲気の中、ここでしか体験できない特別な講師陣による感動の授業を受講し、クラスメイトとの交流を深めましょう」

英語EXPOとの大きな違いは、初級・中級・上級で各クラスの参加者を固定。つまり、授業の合間に生徒の移動がない、ということです。それぞれを学校のひとつの学級に見立てたのです。はじめの全校集会では、校長たる私の挨拶があります。各クラスの学級委員長も決め、授業の前には起立、礼の号令まで。もちろん休み時間には、私が鐘を鳴らしながら廊下を歩くパフォーマンスもしました。

昼休みには購買でパンや弁当を販売し、放課後はクラブ活動まで！ その年、プロのサッカー選手だったアメリカ人講師がいたので、彼女を部長にサッカー部を作りました。海外旅行が好きな人も多いので、体験談をシェアする海外旅行部。英語でディスカッションする英語部。私はもちろん写真部を担当しました。圧巻だったのは合唱部で、最後にはわずか１時間の活動時間内で完成させた歌を披露してくれました。

ところが、ここまでやるとあまりにマニアックすぎて、いちばん大事なイベントの楽しさが薄れてしまったように感じました。そこで２年目からは少し英語EXPOのプログラムに近づけることに。きっと参加者にとってもその方が居心地がよくなったのではないかと思います。

記念すべき1回目の特別講師は、大杉正明先生でした。学校の明るい雰囲気を考えると、最適な人選だったと自負しています。ゲスト講師には、柴原智幸（神田外語大学専任講師、放送通訳者、NHKラジオ『攻略！ 英語リスニング』講師）、川本佐奈恵（英会話スクール「English Time!」代表）という、ジョイ初登場の２人に来てもらいました。

“夢の”英語学校というだけあって、その後も講師陣はとても豪華です。２年目は特別講師に田尻悟郎（関西大学教授、NHKテレビ『テレビで基礎英語』講師）、ゲスト講師に関口雄一（グローバルブルー代表取締役社長）と高橋敏之（『The Japan Times ST』編集長）。３年目は、特別講師に遠山顕（NHK『ラジオ英会話』講師）、ゲスト講師に山田暢彦（NOBU English Academy主宰）。昨年は１回目のゲスト講師だった柴原先生が特別講師、ゲスト講師は２年連続の山田さんと、ジョイ初登場の神林サリー（英語トレーナー・インストラクター）という顔ぶれでした。

この日、参加者は十勝管内のみならず札幌をはじめ北海道各地から、さらには遠く本州からも来てくれます。昨年は京都、秋田、神奈川、埼玉からも参加者がありました。このことだけでも、十分に日本一の英語学校だと胸を張ってもよいのではないでしょうか。現時点では１年のうち１日だけかもしれませんが、そのうち１年に２日というのも可能かもしれません。密かに私はそう考えています。英語のおかげで私の夢はどんどん膨らんでいくのです！

（敬称略・順不同）

30 おかげさまで40祭

2016年３月20日、ジョイはついに40周年を迎えました。私の記憶が正しければ、実際に授業が始まったのは翌日の21日だったと思います。40周年ということは、40回も新学期の生徒募集をしたことになります。正直よくここまで続けられたものだ、と今年度の募集時期は感無量でした。

これまでジョイ、そして私を支えてくれた多くの人たちへの感謝の意を込め、今年は記念イベントをたくさん企画しました。いまの私にできることをすべて詰め込んだつもりです。

その幕開けは、コンサート「プレミアム・ジャズ・ナイト」（３月12 日）。2012年からジャズ・ピアニストの石井彰さんを迎えて「真冬のジャズナイト」を開催してきました。５年目の今年は石井さんに加え、以前から交流のあったジャズ・ギタリストの小沼ようすけさんも来てくれました。実は２人とも私の大好きなジャズミュージシャンなのです。その演奏を、キャパ70名のジョイＢ館バッキーホールで聴けたのですから、それはそれは贅沢な一夜でした。

第２弾は、長時間耐久型のティーチング。これはDJの糸井悟郎さんによる２日間のマラソンDJにヒントをいただきました。実は２度、24時間マラソンティーチングを企画したことがありました。

← 40周年記念イベントの第２弾、松本茂先生の講演会は大好評でした！「Try me」（東京・銀座）にて。

50歳と60歳の誕生日に挑戦しようとしたのですが、眼の病気と体力の不安により断念。63歳になった今年、ハーフとして3月27日(日)に決行し、無事12時間を完走！ 大成功を収めました。

第３弾として、NHKテレビの英語番組『おとなの基礎英語』でお馴染みの松本茂先生(立教大学教授)を招いての「英会話スペシャル・セミナー」(４月10日)を開催。先生にジョイで講演していただくのは４度目ですが、なんと７年ぶりでした。今回はパワーポイントやハンドアウトを使わずトークだけで勝負してもらったのですが、さすがです。100名超の参加者たちにも大好評でした。

第４弾は「横山美里・市川純子ピアノコンサート」(６月19日)。とかちプラザのレインボーホールを会場に本格的なコンサートになりました。この企画は、40年の歴史において「飛び出せ、世界へ。英語は翼」というジョイのキャッチフレーズを体現した生徒を表彰したい、という発想からスタートしたのですが、偶然にも受賞者の２人がともにピアニスト。そこでコンサートを副賞としたわけです。これはずるい企画ですね。

続く第５弾は、なんとカーリング大会。日本のカーリング創生期から関わってきた経験を生かし、歴史に残る一大イベントをしたいと考えました。結果、テレビ番組でよく見る「懐かしのグループサウンズ」のように、４組の懐かしのチームを集めた北海道マスターズ・カーリング大会「レジェンド・カップ」(７月９・10日)を、帯広カーリング協会との共催で開催。中には30年近くカーリングから離れていた参加者もいました。

第６弾は長い間温めていた、浦島甲一・久写真展「２人のハルニレ物語」(7月30日～8月7日)。父との真剣勝負です。企画に賛同してくださった故郷・豊頃町と同町教育委員会との共催で、同町で開かせていただきました。また協賛企画として作曲・演奏家の伊藤幸治さんが書き下ろしてくれた組曲「ハルニレの四季」でコンサートも開催。いまや映像作家として国際的に活躍している姪の佐竹真紀も、父・甲一を題材にした作品を上映してくれ、亡き父も天国で喜んでいることと思います。

ラストを飾るのは「ジョイおかげさまで40祭」。第1部は私が尊敬する英語界のスーパースター、杉田敏、大杉正明、遠山顕の3氏との「レジェンドトーク」。第2部は、落語家の桂かい枝さんによる英語落語という豪華2本立て。すでに道外からの参加希望者がいます。きっと会場のとかちプラザ・レインボーホールは満席になり、40年ぶんの喜び(ジョイ)で満ちあふれることでしょう。その瞬間を、私は今から夢見ています。それと同時に、この1年を終えたとき私はどうなっているのだろう？ すっかり脱力してしまっているのでは、などと考えるのですが、そこは長いつきあいの英語と私です。すでにいくつもアイデアは浮かんでいるので、41年目はまた新たな気持ちでイベントや本の執筆に全力投球するつもりです！ ラッキーナンバー「4」にちなんで、44周年には何か特別なものを準備したいと思います。英語に出会ったおかげで、私の人生には「引退」の2文字などないのです。

第４章
飛び出せ、世界へ

JAMES·PAGE
CALL FOR FREE CATALOG
JAMES·PAGE
BREWING COMPANY
NORTHERN LIGHTS
BOCK
BEER
MINNEAPOLIS, MINNESOTA 12 FL. OZ. (355 ML.)

JAMES·PAGE
CALL FOR FREE CATALOG
JAMES·PAGE
BREWING COMPANY

NORTHERN LIGHTS
BOCK
BEER
MINNEAPOLIS, MINNESOTA 12 FL. OZ. (355 M
CA REDEMPTION VALUE

31 ノーザン・ライツ湖を求めて

「ノーザン・ライツ湖を見つけたよ！」友人が興奮気味に電話を掛けてきたのは、1981年５月のことです。地図を眺めていて偶然見つけたそうで、場所はカナダ・オンタリオ州サンダーベイ市の郊外。そこで、その年の７月末、私は初めてアメリカの土を踏むことにしました。ミネソタ州ミネアポリスからデルースへ。デルースからカナダ・サンダーベイまで約５時間のバスの旅を経て、事前に予約していたホテルで翌日のビッグ・デイに備えて早く眠りに就きました。

翌朝は早々と目が覚めてしまい、朝食後わくわくしながら中心街にあったインフォメーション・センターへ向かいました。私に許された時間はその日の夕方まで。８時半のオープンとともに飛び込むと、自分がいかに有名な雑誌の編集長で、どうしてもノーザン・ライツ湖を取材したいから協力してほしい、とカウンターの女性に話しかけました。このとき私は、わざと英語をたどたどしく話したのですが、これは作戦でした。彼女は「レンタカーで行くしかないわね」それを聞いてドキッ。自分で運転するのだけは避けたかったのです。国際運転免許は持参していましたが、当時も今も私の運転は決して自慢できるものではありません。

そこで「運転手を雇いたい」と申し出ました。すると「そうい

← ラベルにノーザン・ライツが！ 飲んでいないので味はわかりませんが、たくさんの思い出が詰まっています。

えば地元の大学に日本人の学生がいるはず」と言って大学の寮に電話を入れてくれたのですが、そのときの会話を聞いて私はショックを受けました。「英語のわからない雑誌記者が日本から来ているの。日本人学生がいるわよね……」。同情を買うべくたどたどしく話したのが、英語教師としての自尊心を傷つけられる結果になってしまったのです。

その学生とはコンタクトが取れず、代わりにケビンという学生がマンパワー会社から派遣されてきました。時刻はすでに午前11時半、とにかく時間がありません。早速近くのレンタカー屋へ向かいました。ところがどこも貸してくれないのです！ 理由は、私がクレジットカードを持っていなかったからでした。とりあえずタクシーで空港へ移動。ずらり並んだレンタカー会社に片っ端からあたってみましたが、5軒中4軒が上記の理由でNo。あきらめかけたとき、最後に奇跡が起きました。なんと、最後の1軒がOKを出してくれたのです。

ただし、それには2つ条件がありました。まずは、150ドルの供託金。そしてもうひとつは、17歳のケビンに運転させないということでした。これでは彼を雇った意味がありません。でも、湖に行くには条件を呑むしかないのです。結局、私が運転するということで契約成立。こうなった以上、彼が事故を起こしたとしても責任は私にあります。レンタカー屋から近くの道路までは不器用なハンドルさばきで私が運転し、そこからはケビンにハンドルを託しました。

ところが彼の運転は乱暴そのものでした。かなりのスピードで飛ばす彼の機嫌を取ろうと、ラジオから流れるビートルズの歌を一緒に歌ったりしました。大の大人が17歳の青年に、しかもアルバイト賃を払ってまでなぜこんなに気を遣わなければならないんだ？ 私は心の中で地団駄を踏んでいました。

走ること２時間、ケビンは急に車を止めました。「ノーザン・ライト・リゾート」と書かれた看板を見つけたのです。「ノーザン・ライツ」ではなく単数の「ライト」なのには少々ガッカリしたものの、私の胸は高鳴ります。人生において最もドラマチックな瞬間を迎えようとしているのです。「湖だ！」私たちは固く握手を交わしました。そして、湖のほとりで記念撮影。日本の観光地のそれとは違って名前の入った看板はありません。それでも、なんの変哲もないただの湖が私の目には特別な場所に映ったのでした。

湖畔で見つけた売店に入るなり、私は叫びました。「I'm from Japan!（日本から来たんだ！）」聞かれもしないのにNL（英文雑誌『Northern Lights』）のことを説明し、ここまでの経緯と苦労を捲し立てました。そう感じているのは自分だけだったのでしょうが、私はビッグ・スターだったのです。

売店にはさまざまなノーザン・ライツ・グッズがありました。ロゴ入りＴシャツ、帽子にキーホルダー、湖の地図やポストカード。そして、ノーザン・ライツ・ビール。そういったものを日本円で１万5,000円以上も爆買いしました。おそらく、その売店にとってシーズン最高の客だったに違いありません。

こんなドキドキハラハラの体験ができたのも、英語のおかげでしょう。

32 ノーザン・ライツが見える町

1988年の年の瀬、私はスウェーデンの北極圏の町キルナへと向かっていました。ストックホルムを発った機内で出会った男は「観光客の来ない冬に、しかもキルナになんてなぜ？」と不思議そうな眼差しで私に尋ねてきました。その２年前、キルナにあるESRANGE（ヨーロッパ宇宙調査基地）のヘルゲル所長と帯広で出会わなければ、私のノーザン・ライツ（オーロラ）を求める旅は実現しなかったでしょう。

たどり着いたキルナの町はすっかり雪化粧され、街や家々を彩る華やかなクリスマスの飾りがよく映えています。昔から鉄鉱石を産出する町ですが、北海道の炭坑の町のイメージとはまったく異なるきらびやかさでした。

ヘルゲル家で昼食をご馳走になり、滞在中のスケジュールと宿泊場所が決まった午後２時ごろには、外はすっかり暗くなっていました。山の彼方からの残光で朝10時から４時間ほどは明るいものの、冬場の約１ヵ月間は太陽が昇らないそうです。

「昨日はノーザン・ライツが見えたわよ」と言うヘルゲル氏の娘さんにつづいて、「きっと今日も見えるわ」と奥さん。実際、初日の夜はマイナス25度という寒さで、見上げた星空には今にもノーザン・ライツが現れそうでした。町の２軒のホテルは宿泊料金が

← スウェーデンで買ったこの人形を見ると、勤勉な農家だった母方の祖父母のことを思い出します。

とても高いそうなので、1泊250クローネ(当時のレートで約5,000円)のキャビンに泊まることにしました。キャビンはアメリカで言うところのモーテル。旅行者には便利なキッチン付きの宿泊施設です。私のキャビンは中心街から徒歩15分、近くには森もあって、ノーザン・ライツを見るには最適な場所だと思えました。

こうして始まった、キルナでの1週間。ところがなかなかノーザン・ライツに対面できません。そして年は明け、1月2日の朝。ユッカスヤルビというリゾート地でスノーモービルを楽しんでいた私は、教会の前でイギリス人夫婦に出会います。「なぜこんな季節にキルナに?」という私の問いに、夫のスティーブの答えは「ノーザン・ライツを見に来たのさ」。互いに同じ目的でこの北極圏の町に来たということを知り、私たちは夕食の約束を交わしました。

その夜レストランで彼と奥さんのシーラに再会し、2人の職業を聞いて驚きました。なんとシーラは歌手で、スティーブは音楽プロデューサー。最近出したCDがスウェーデンでも発売されたので、そのプロモーションのためストックホルムを訪れ、その足でキルナにやって来た、と言います。食事中、偶然にもシーラの曲がラジオから流れてきて、私たち3人は何とも不思議な体験をしたのでした。

食後、レンタカーを借りていた夫妻はノーザン・ライツ・ウォッチングに私を誘ってくれました。車に乗り込み意気揚々と走り出すも途中で雪が降りはじめ、見える可能性はゼロ。この日はあきらめてそれぞれの宿へと引き返しました。

ところが、翌日も曇り空。もはやこれまでか、と思いましたが、望みを捨てず私たちはキルナの東42キロくらいにある、ESRANGE方面を目指してみることに。途中、車を止めては夜空を見上げ、そしてまた走る。これを繰り返していると、ESRANGEに近い小高い丘のところでシーラが叫びました。「あれ、きっとノーザン・ライツよ！」彼女の指す方を見ると、まるで流れ落ちる滝のようなノーザン・ライツが。大きな体のスティーブは「よかった！ よかった！」と言って私に抱きついてきました。最大級ではありませんでしたが、あきらめ半分でいた最終日に見ることができ、感無量でした。

「ノーザン・ライツという言葉には、オーロラの他に、違った意味があるように感じるんだ」キルナへ戻る道すがら、スティーブがふと口にしたのです。「北の大地に根を下ろして、光るような仕事をしている、そんな人間を意味しているような気がするんだ！」その言葉にジーンときてしまいました。そうだ、私はそんな男になりたい！ 確かに、この旅では、厳冬の夜空を真赤に染めながら狂ったように踊ったり旋回する光のカーテンを見ることはできませんでした。でも、スティーブの言う“そんな人間”、つまり「ノーザン・ライツ野郎」には数多く出会うことができたのです。英語に導かれ、私は人生の指針を得たのでした。

1月4日午前6時45分、外はまだまだ真っ暗なキルナ空港を飛び立ちました。飛行機の窓から遠去かっていく町は、オレンジ色の光で輝いていました。

JAPAN
PASSPORT

33 新しいパスポート

「ジョイおじさん」ことフェルディナンド・デ・バックさんには、毎年その年に英語に関することでいちばん活躍した生徒に贈る「ジョイ・プライズ」のスポンサーになってもらっていました。20周年の年、なんと特別プライズとして10万円を１人の生徒に贈りたいと言ってきたのには、私もびっくりしました。

そこで私は、ジョイ史上最大のシナリオを考えました。その特別賞を、当時ロンドンの王立音楽アカデミーでピアノを学んでいた横山美里さんに贈ることにしたのです。しかも授賞式をジョイおじさんの住むベルギー・ゲント市にある彼の自宅で執り行い、彼の友人や知人も招いてミニコンサートも開いてしまおう、というのが主な計画でした。

さらに私は、こんなサプライズまで用意しました。式は1995年11月４日の午後４時。この少し前にベルが鳴り、ドアを開けるとなんとそこには、20本の赤いバラを抱えた私が。どうですか、素晴らしいシナリオではありませんか！ ところが、まさかこの私にこそサプライズが起ころうとは……。

迎えた授賞式前日、私はブリュセル駅に到着。まずトイレに向かったのですが、これこそが不運の幕開けでした。用を足している間、床に置いたカバンを何者かが持ち去ったのです。もちろん

← これまで行った国は18ヵ国。渡航回数は約20回でしょうか。

追いかけましたが、犯人は人混みの中を駆けていき、私はすぐにギブアップ。私の足の遅さは昔から有名でした。

カバンの中にあったものは、パスポート、航空券、現金、カメラ、使用済みのフィルム、テープレコーダー、アドレス帖、カギ、手帳、そして新しいアイデアを書き留めてある大事な大事なノート。絶体絶命のピンチです。駅の警察にいって事情を話すと、まずは大使館に連絡しなさいと言われました。そこで電話してみると、なんと休み。この日、11月３日は日本では文化の日だったのです。

私は「まず冷静になろう」と深呼吸し、どうしたらいいかを紙にメモすることに。けれども紙がありません。さらには持っていたボールペンはどういう訳かインクが漏れ、ポケットの中が真っ黒！ 踏んだり蹴ったりとはまさにこのことです。私はジョイおじさんに電話を入れ、すべてを洗いざらい打ち明けました。すると返ってきたのは、「家においで」という優しい言葉。その夜、彼の家で途方に暮れた私でした。

そんな余分なオプションのついてしまったサプライズでしたが、授賞式、そしてコンサートは感動的でした。ジョイおじさんの英語でのスピーチ、横山さんの素晴らしい演奏。15名ほど集まってくれたみなさんはそれぞれお洒落して来てくれました。リビングにピアノがあって、そこでホームコンサートが開けるのですから、素晴らしい住環境です。

こうしてメインイベントは無事終わったのですが、それ以上の大仕事になってしまったのが、パスポートの再取得です。まず大使館にいくと、警察から盗難届をもらってこいと言われ、警察署にいって「書類はありませんか？」と尋ねると、ないと言われ、加えて日本人であることを証明できる書類を持ってこいと言われ、結局大使館と警察署とを行ったり来たりする羽目に。最終的に、大使館の職員が偶然ジョイおじさんと知り合いだったのはラッキーでした。その方が警察署に一緒にいってくれると警察の態度は急変し、きちんとした盗難届を出してくれたのでした。

帰国予定日を過ぎることわずか２日で私は帯広に戻ることができました。世の中思った通りにはいかないものです。でも、そのおかげで少しだけ長くジョイおじさんと一緒にいることができたのは、怪我の功名と言えるのかもしれません。食事をしながらいろいろなことを話しました。

このとき80歳になっていたジョイおじさん。また会える機会があるとは、正直考えられませんでした。これが最期の別れになるかもしれない。そんな思いがふと頭をよぎり、涙がこぼれてきました。

この数年後、ジョイおじさんは他界。でも、思い出はいつまでも私の心の中で生きつづけています。金沢のお寺で初めて会ったのがまるで昨日のことのように思い出されます。20周年の年にジョイおじさんの住んでいたベルギーで手にした新しいパスポートは、まさに40周年に向けたパスポートだったのかもしれません。

34 アメリカ人になった男

どれだけの人がこれまでジョイで学んだのでしょうか。残念ながら正確な数はわかりません。ただ、開設当初から生徒番号を設けていた社会人コースは4,200人に達しています（2016年８月末現在）。子どもの生徒数は社会人より多いと考えると、１万人以上もの人がジョイで勉強したことになります。

その中で決して忘れることのできない生徒の１人が、藤原盟（ちかい）くんです。彼はジョイが始まった翌年に入学。当時、小学４年生でした。

英語がよく出来、性格もよく、水泳が得意だった藤原くん。そんな彼が留学に興味を持ちました。茨城県土浦市で「ヘレナ英会話スクール」を経営する松本豊さんが運営していたYESという団体を通して彼がアメリカの高校に留学したのは、1987年８月。帯広柏葉高校３年生のときでした。

ジョイにとって初めての留学生ということで、送り出す私は内心ドキドキものでした。現地で授業についていけるだろうか？ 生活はなんとかなるのだろうか？ 私の心境はきっと、ご両親と同じだったと思います。

藤原くんは、カリフォルニア州マンティカ市のイーストユニオン高校に入学。翌６月に卒業し帰国したのですが、今でも鮮明に

← ジョイ30周年のパーティーにはるばるアメリカから来てくれた藤原くん。今では大切な仲間の１人です。

覚えている出来事があります。それは、十勝毎日新聞社に彼を連れていったときのことです。出発前に取材してくれた記者の方に帰国を報告し、再び記事を書いてもらうことになっていました。

「アメリカはどうでしたか？」という記者の質問に藤原くんは、「どうでしたかと言われても、何についてですか？」と聞き返したのです。私は「まずい！」と思いました。けれども、ここはさすがベテラン記者です。嫌な顔もせず具体的に質問しはじめました。取材が終わり、別れ際に私は「申し訳ない。彼はすっかりアメリカ人になってしまったようです」と記者に謝りました。すると「まぁ、若いからしかたないですよ」と言ってくれて、救われた気がしました。

ジョイに戻ると私は藤原くんに注意しました。ここで言っておかなければ、後々おかしなことになると思ったからです。「アメリカはどうでしたか、というのは日本では挨拶みたいなもの。アメリカにいるときはアメリカ人に、日本に帰ったら日本人にスイッチできないようではまずい」そんな感じのことを話して聞かせたと思います。次の日藤原くんに会うと、すっかり１年前の彼に戻っていました（2015年夏、里帰りした彼にこのときのことを覚えているか聞いてみると、「はっきり覚えています！ あのときああ言ってくれて感謝しています」という言葉が返ってきました）。

そんな出来事の後、藤原くんは再びアメリカに行く決心を固めます。今ではその必要はないのですが、当時は再び留学前の学年、つまり藤原くんの場合は３年生に復学しなければなりませんでした。これが理由のひとつだったとのこと。そして、アメリカでの

１年は本当に苦しかったけれどもう１度挑戦し、ひ弱で肥満児、優柔不断な自分を変えたかった、と。１年間のアメリカ生活を通じ、やればなんだってできるという自信がついたのだそうです（30年近くも経ってから当時の彼の想いを知り、私は感無量でした）。

デルタカレッジを卒業した藤原くんは、1991年にアメリカ抽選永住権でグリーンカードが当たったのを機に就職しました。以後24年間、薬剤関係の会社で働いています。買収などで会社の名前は10回以上変わりましたが、その間、自分の意志で２度会社を辞めたそうです。1999年には日本人の女性と結婚するために市民権を取得。現在はストックトンで奥さんと２人の娘さんと暮らしています。

最後に、ジョイ30周年のときに彼が送ってくれたメッセージを抜粋します。

――今でも、砂利道と野原に囲まれた青い屋根と白壁のジョイを思い出します。クリスマスパーティーや野原でのジンギスカン、楽しかったです。授業はスリル満点でした。ハリー先生との英語だけの授業、教科書には日本語なし、とにかく知っている単語とジェスチャーで会話してました。ジョイとの出会いが私の人生に大きな影響を与えたのは間違いありません。帯広に帰っても、もう実家とジョイしか私が行ける場所はありません。私が浦島太郎になっても困らぬよう、末永くジョイを続けてください。藤原盟――

35 2人のピアニスト

ジョイで学んだ英語を翼に海外へ飛び出し、今や国内外で活躍しているピアニストたちがいます。横山美里さんと、市川純子さんです。40周年を記念して、この2人にジョイ・プライズ特別賞を贈呈しました。

横山美里さんには彼女が小学生のころ、直接英語を教えたことがあります。とてもよく出来たので、飛び級を繰り返して常に自分より年上の子どもたちのクラスで学んでいました。ピティナ・ピアノコンペティションG級金賞、東京都知事賞ほかを受賞した帯広柏葉高校在学中には、地元ではすでにピアニストとして頭角を現していました。

そんな横山さんにはずいぶん助けてもらったものです。中学生と高校生を対象にしたイベント「ヤング・オール・イングリッシュ・デイ」のアトラクションのコーナーでほぼ毎回、そして社会人コースのクリスマス・パーティーでも何度か弾いてもらったことがありました。そんなこともあり、今では反対に私が横山さんの応援をしています。

1992年に東京藝術大学音楽学部ピアノ科に入学した横山さんは、その半年後、英国王立音楽院奨学生となり渡英。世界的なピアノ教育者マリア・クルチョ女史などに師事し、1995年にはイタ

← 賞状の代わりに書家・八重柏冬雷さんの作品をプレゼント。横山さんには「美」、市川さんには「翔」でした。

リアのイセルニア市国際ピアノコンクールで１位なしの２位を受賞。翌年同音楽院大学院を首席で卒業すると、1999年にはロンドン音楽大学で修士号（ピアノ演奏法）を取得。帰国後はピアニストして活躍しています。

これまでに出したCDアルバムは４枚。そのうち２枚は、小森谷巧（ヴァイオリン）、藤森亮一（チェロ）の両氏と結成したピアノトリオ「The Grand Trio」のもので、実はこれらのジャケットには私の撮った写真が使われています。

横山さんは現在、横浜市に住み、国内を中心にソロ、室内楽奏者として活躍しています。いちばんの思い出は、私の還暦パーティーの際わざわざ帰省し、クラシックが苦手な私のために『リベルタンゴ』を弾いてくれたことです。

もう一人のピアニスト、市川純子さんは小学３年生から帯広柏葉高校を卒業するまでジョイで英語を学んでいたので、10年間も通ってくれたことになります。残念ながら私は直接教えたことがないのですが、一緒に通っていたクラスメイトといつも大きな声で明るく笑っていた印象があります。

市川さんとよく話すようになったのは、彼女が東京藝術大学音楽学部ピアノ科に進学してからでした。帰省のたびに訪ねてきてくれるのですが、お土産が毎回おいしいチョコレート！　おかげですっかり彼女の来訪が楽しみになってしまった私でした。

市川さんは同大を卒業後、2000年にニューヨーク大学教育学部に留学。マネス音楽大学ピアノ科で学んだのちニューヨークを拠点に演奏活動を続けながら、ラットガーズ大学メイソングロス音楽学部博士課程を修了しました。

そんな彼女から2015年３月、ビッグニュースが。なんと、世界中の名だたる音楽家やアーティストが演奏し「音楽の殿堂」として知られる、あのマンハッタンのカーネギーホールで演奏会を開くというではありませんか！ 私は驚きで声も出ませんでした。

いったいどのようにそんなチャンスをゲットしたのでしょうか。それは、市川さんのニューヨーク留学のきっかけとなった恩師、セイモア・バーンスタイン氏を題材にしたドキュメンタリー映画『Seymour: An Introduction』（イーサン・ホーク監督）が発端でした。彼女の演奏会は同氏の88歳の誕生日と、映画の全米公開を祝福するために企画されたのだそうです。映画には市川さんも演奏とインタビューで出演しています。

横山さんと市川さんの２人が私の依頼を快諾してくれ、夢の競演が実現しました。2016年６月26日、会場のとかちプラザ・レインボーホールを埋め尽くす満席の観客が見守る中、２人にジョイ・プライズ特別賞を授与。ジョイの生徒たちの前で、そして故郷の人々の前で演奏を披露する機会をプレゼントすることが２人への賞品だったのです。英語を翼にジョイから世界へ羽ばたいていった彼女たちの姿は、私にも勇気を与えてくれました。

MIZUNO
OGK

36 ボブちゃんの挑戦

元ボブスレー選手、ボブちゃんこと桧野真奈美さんがジョイに通い始めたのは、2006年のことでした。それまでアメリカズカップ(2001年)、ワールドカップ・レイクプラッシッド大会(2003年)に出場した彼女は、世界で勝負するには英語が絶対に必要だと感じたのだそうです。

スポーツ万能のボブちゃんですが、英語はかなり苦手でした。私も文法や音読のクラスで教えましたが、中学英語の最初から始めた方がいいレベルでした。でも、語学の学習で何が大切かというとやはり「動機」です。これに勝るものはありません。やる気になったスポーツ選手の根性は、一般の人とは違います。ボブちゃんは、みるみるうちにうまくなっていったのでした。

あの日のことは決して忘れません。急にテレビ局や新聞社からジョイに電話が入りはじめたのです。「桧野さんは今日はそちらにくるのですか？」このときはまだ何が起こったのかわかりませんでしたが、世間では大変なことになっていました。ボブスレー女子で初めて五輪出場の可能性が出てきていたのです。

それまでのワールドカップの成績ではトリノ五輪の出場資格である15位入賞を果たせていなかった日本女子ですが、アジア枠が確保できる見通しが出ていたのでした。それで、マスコミはボブ

← 常に夢に向かって前進するボブちゃんの姿は感動的です。次の夢に向かってガンバレ！

ちゃんのインタビューを取りたいと躍起になっていたのです。

結果、ボブちゃんはトリノ五輪に日本女子として初めての出場という快挙を成し遂げました。そして、次のバンクーバー五輪にも出場！ このときは、和服の女性、富士山、桜の花など、和をイメージしたデザインのソリが海外でも評判を呼びました。２度の五輪出場後、地元FM-JAGAの人気DJ・栗谷昌弘さんと彼女とのトークショーをジョイで開催したときは、満席の参加者たちは大喜びでした。

そんなボブちゃんのキャリアはケガと挫折の連続でした。陸上競技の選手だった高校３年生の春、体育の授業のマット運動で右膝前十字靭帯を断裂。選手生命を断たれてしまいます。ボブスレー選手になってからも2002年に同じ箇所を再手術。数度の手術と長期リハビリを経て復帰したのです。

ボブスレーはまだまだマイナーなスポーツです。そのため、日本ボブスレー・リュージュ連盟の台所は決して豊かではありません。驚くことに、ドイツ製のソリ購入代金やペイント費用はボブちゃんの自前なのだそうです。さらに海外遠征の資金を集めるため、自ら企画書を作成して全国を営業行脚。最終的には数社とスポンサー契約を結び、年間1,000万円以上の活動費を捻出したのです。

「そんな経験を本にしては？」と私は提案し、出版社の編集担当者を紹介させてもらいました。それが2010年12月、『ゆっくりあきらめず夢をかなえる方法』（ダイヤモンド社）として出版されました。１冊の本を出すことの大変さは毎回身に染みて感じている私ですから、心から「おめでとう！」と言いました。

競技ではボブちゃんは、オランダチームおよびオランダ人コーチRob Geurts氏のサポートを受けていました。もちろん共通語は英語だけ。おかげで彼女の英語はかなり上達しました。そして、この英語力が彼女に新たなチャンスを与えたようです。日本オリンピック委員会のナショナルコーチアカデミー(2012年)、国際養成人アカデミー(2013年)を修了。そして、2016年には早稲田大学大学院スポーツ科学研究科修士課程(トップスポーツマネージメント専攻)も修了しています。

これまでに青年版国民栄誉賞、日本人間力大賞、日本人間力開発協会理事長賞特別賞受賞、帯広市スポーツ賞など数々の賞を受賞したボブちゃん。現在はコーチとして後輩の指導に当たる傍(かたわ)ら全国各地で講演し、「自分の夢と目標に自信を持とう！」というメッセージを発信しています。

ボブちゃんの次の夢は東京オリンピック。「選手時代、英語の話せない私でしたが、行った先々でいろいろな人たちに助けてもらいました。次は2020年東京五輪に世界中から集まる人たちのお手伝いをしたい。恩返しができたら嬉しいです。もちろん英語を駆使して」。ジョイもそんなボブちゃんの夢をこれからも応援したいと思っています。

MIZUNO

37 カーリングが教えてくれたこと

スポーツは観るのは好きですが、やるとなるとまともにプレイできるものがありません。そんな私にも唯一の例外が。それはカーリングです。出会いは今から36年も前の、1980年のこと。北海道と姉妹提携しているカナダ・アルバータ州とのスポーツ交流の一環として、全道各地で講習会が開かれました。講師は元カーリング世界チャンピオン。当然、通訳が必要でした。

そのとき、どういうわけか帯広に住む私に札幌から「通訳をやらないか」という声が掛かったのです。今だから告白しますが、当時の私は本格的な通訳の経験は皆無。カーリングなど見たことも聞いたこともありませんでした。けれども私は、ひとまず「はい」と答えてそれから考えるタイプの若者だったようです。チャンスに貪欲だったのでしょう。

いざ本番を迎え、最初に直面した難題はメモを取ることでした。カナダ人講師の話すことを逐次通訳するのですが、話が込み入ってくると内容を頭に留めておくことができません。当然ノートを取る必要性が出てきます。しばらくはそれが難しくて四苦八苦。網走での大きなレセプションでは、講師が通訳の存在を忘れて長く話しすぎたために私の日本語訳が途中で途切れてしまう、という大失態を演じたこともありました。思い出すだけで背筋がゾッ

← 一緒に世界一を目指しているメンバーたち。いつか金色のメダルを手にしよう！

としますが、今となっては私の失敗談のひとつとして何度も披露しているくらい、よい思い出になりました。

カーリングの魅力はいろいろあります。老若男女が楽しめる。力がものを言わない知的なゲーム。チームワークが大切……。とにかく素晴らしいスポーツです。でも、カーリングに出会った当時の私にとってその最たる魅力は「世界にいちばん近いスポーツ」ということでした。日本の競技人口はまだまだ少なく、少し頑張れば世界が見えてくる。「オリンピックも夢じゃない」が合言葉でした。

仕事柄「英語は学ぶだけでなく使わなければ意味がない」と考えている私にとって、それはカーリングでも同じです。実践の場を求め、私の所属する帯広カーリング協会は1985年にアルバータ州レスブリッジ市のカーリングクラブと姉妹提携し、交流を始めました。私自身も同市には３度行き、国際大会に出場したこともあります。言葉はできるに越したことはありませんが、言葉が不自由でも親睦を深められるのがスポーツ交流のメリットです。

「世界を目指そう！」といつも冗談（？）を言っていたチームTOKACHI（スキップ（主将）：佐藤真康）が真剣に世界を意識したのは、2009年のことでした。なんとシニア（参加資格は50歳以上）の日本選手権で優勝し、世界選手権行きの切符を手にしてしまったのです。このときはこんなことは一生に一度だと考えていた私たちでしたが、その年のダニーデン（ニュージーランド）を皮切りに、2010年チェルビンスク（ロシア）、2013年フレデリクトン（カナダ）、2014年ダンフリーズ（スコットランド）、2015年ソチ（ロシア：この大会には私は不参加）と、結局５度も世界選手権に出場しています。特にカナダでの大会は、若いころからビデオで見て憧れていた世界選手権の雰囲気がそのままで、とても感動したものです。

「世界」という土俵に立ってみてわかったのは、英語はできて当たり前ということです。日本などの英語を母国語としない国々が参加しているにもかかわらず、運営する世界連盟は英語のレベルを落とすことなくナチュラルスピードで説明します。当然、通訳もいません。わからないのはわからない方が悪い。世界という檜（ひのき）舞台に立つならば、これが現実なのです。

最後になりましたが、誤解されないようもうひとつ告白しておこうと思います。世界選手権に４度出場と言っても、実は私は英語ではfifthと言ったり、alternateと呼ばれるポジション。そうです、補欠なのです。試合に出たのはニュージーランドでのハンガリー戦、スコットランドでのポーランド戦と、この２試合のみ。でも胸を張って言います。私は、史上最強の補欠なのです！ なぜなら私は２戦２勝。私の出た試合は必ず勝つという不敗神話があるのです。しかも、通訳はもちろん写真記録係だってできる！ こんなカーラー（カーリング競技者）は日本に、いや世界に何人いるでしょうか？ たぶん、私だけです！ 英語は、世界という舞台に私を連れていってくれました。

38 写真で世界へ

風景写真を本格的に撮りはじめたのは、2009年秋からです。もちろん、父・浦島甲一の影響は無視できません。同時に、偶然にも友人の中にプロの写真家がいたのがラッキーでした。例えば、私の写真の師である戸張良彦さん。彼は帯広で「STUDIO VALOS」(私が命名)という写真スタジオを経営する傍(かたわ)ら、写真家としても活躍しています。そして、相原正明さん。今や日本を代表する国際派の写真家の1人です。

私の写真デビューはとても華麗(?)でした。2010年には写真道展に初出展し、1部、2部、3部それぞれに入選してしまいました。そして、その年の7月には写真展「はるにれの夢」を藤丸デパート(帯広市)の勝毎サロンで開いています。なんと写歴1年未満で初の個展。この時は若気の至り? 55歳にもなっていたので、老気の至りでしょうか。

その後も快進撃は続き、CD『ラヴェル:ピアノ三重奏曲』(The Grand Trio)にはじまりこれまでにジャケットに使われたCDは10枚。映画『いきものがたり』にハルニレの木の写真4枚を提供。豊頃町の電話帳の表紙や商品券、児童英検のポスターにも採用されたほか、十勝を代表する写真家たち(戸張良彦、宮本昌幸、岩崎量示、辻博希)と一緒に写真展も開かせてもらいました。

← 2016年2月、ジュエリーアイスが全国的に注目されるように。命名者の私もNHKとテレビ東京に出演。

本当に本当にラッキーとしか言いようがありません。実力もないのに写真だけが一人歩きしています。いつか気がついたら取り返しのつかないことになっている、そんなことを恐れながらやっていた時期もありました。でも、今は純粋に、自分に素直に写真を楽しんでいます。その結果がどうなろうとこのまま流れていこうと考えています。基本は単純です。自分が美しいと感じたものを撮る。自分が好きだと感じたものを撮る。自分が応援したいと思ったものを撮る。そんなところでしょうか。

でも、ひとつだけ写真を通じてチャレンジしたいことがあります。それは、ジョイのキャッチフレーズ「飛び出せ、世界へ。英語は翼」を自分でも実践することです。私がいつも生徒たちに伝えている「クロス理論」(そんな大それたものではありませんが)があります。それは、「好きなものをいくつも作りなさい。それらが必ずどこかでクロスする。そこにチャンスが生まれる」というものです。

私には、今の時点で「英語」「写真」「音楽」という3本のハッキリした線があります。これらが何ヵ所かでクロスし、実際にチャンスが生まれているのです。

例えば、「英語」と「写真」。札幌の会社が運営するウェブサイト「Stage Infinity」に、「Northern Eyes」(http://www.stage-infinity.jp/category/northern-eyes)というタイトルで写真&英文エッセイを載せています。初回が2013年4月ですから、もうずいぶん続いています。そして、十勝毎日新聞に2015年元旦号から月に1度、写真&エッセイ(和英)『North Winds』を1年間連載させてもらいました。

「写真」と「音楽」では、神山純一さんの音楽と私のハルニレの写真のコラボでDVD『The Harunire』(豊頃町発行)を制作。同じようなコンセプトで、帯広の作曲家でピアニストの伊藤幸治さんとPhoto & Music DVD『Gentle Time, Gentle Mind』を2013年にリリースしました。さまざまな場所で私のトークと映像、伊藤さんの演奏でライブをしています。帯広のJICA帯広センターで研修員を対象にやらせてもらったときは、トークは英語で行いました。この場合は「写真」「音楽」「英語」の３本が見事にクロスしたというわけです。

世界的に有名な「500px」という写真投稿サイトがあるのですが、これがきっかけで浅井美紀さん(帯広市在住)が水滴写真家として国際的に有名になりました。実は2015年の３月ごろから私も投稿しはじめたのですが、あまりにハードルが高く、ギブアップ。そんなとき浅井さんに励まされました。「私も最初はまったくダメでした。でも、続けるうちに評価が出てきたのです」。そこでハルニレの写真１本に絞って再挑戦してみると、なんと２枚売れて、350ドルを手にしたのです！

目下の私の夢は、海外で写真展や十勝を紹介する写真と音楽のコラボレーションをすることです。実現するまであきらめなければ、いつか必ず叶うときがくる！ そう信じています。英語が私に次々と新しい夢を運んできてくれます。

39 40年ぶりの再会

世界シニアカーリング選手権出場のため、2014年4月、イギリスに行ってきました。開催地はスコットランドでしたが、大会終了後メンバーの意向でロンドンに1泊することに。ここで自由時間があったので、私はロンドン市内観光に向かう仲間たちと離れ、ある人との再会を果たしたのです。

ロンドンにはそれまで2度行ったことがありました。けれども最後に行ったのは35年も前のことです。当初は、久しぶりにビッグベンが見たい、バッキンガム宮殿の衛兵も撮影したい、ハイティーでも楽しみたい、などと考えていました。ところが旅立ちの1週間前、ふと昔お世話になったある一家のことを思い出したのです。

日本人を泊めてくれる、当時としては珍しい親日派のイギリス人の家庭でした。大学4年生のとき3ヵ月にわたってヨーロッパを貧乏旅行した際、スイスで知り合った日本人に紹介してもらったのが、ロンドン郊外に住むルーカス一家でした。

「あのルーカスさんは元気なのだろうか？」そう考えると居ても立ってもいられなくなりました。あれから40年。残念ながら音信は途絶えています。もちろんメールアドレスもわかりません。唯一わかっていたのは、住所。古い住所録に残っていたそこへ、時

← この景色を見るだけでもきた価値はありました。10月のイギリス。寒い部屋だったことが思い出されます。

間がないので返事はメールで欲しい、と書き添えた手紙を速達で出しました。

すると、なんとメールが届いたのです！ まさに出発の２日前でした。私を“Taro”というニックネームで覚えていること、２年前に奥様が癌で他界したこと、訪問を歓迎するということが書かれています。私の気持ちは即、固まりました。ロンドン観光はやめて、40年前の自分に会いに行こう！

５月２日早朝、私はロンドン市内のホテルを出発。地下鉄でビクトリア駅まで行き、そこからBR（イギリス鉄道）に乗り換えました。目指すは決して忘れることがない駅名、ビックリー駅（Bickley）。初めて聞いたとき「そんな駅名があるのか！」と本当にビックリしたものです。

ビクトリア駅からビックリー駅までの景色を何も覚えていなかった代わりに、いくつか思い出したことがありました。まずはホームステイ数日目、ロンドンまでミュージカル「ジーザス・クライスト・スーパースター」を観にいったこと。そのとき帰りが深夜になってしまったためにビクビクしながら家に戻ったこと。そして、列車の中で自称詩人という人に出会い、彼の書いた詩をもらったこと。それは当時のアルバムにまだ収めてあるはずです。

ビックリー駅には約束の時間より10分ほど早く着きました。駅を出たら左右どちらへ行くのか、駅舎は当時と同じなのか、周囲の街並みすらまったく覚えていませんでした。まもなく１人の老人が車で到着。ルーカスさんです。顔はあのときとあまり変っていません。互いに抱き合い、涙腺の弱い私は涙を流してしまいました。40年ぶりの再会なのです。

ルーカスさんの家は思い出の中の家のままでした。こんなに時が流れたというのに、まるで古さを感じません。きちんと手入れされていました。そして、２週間お世話になった２階の部屋へ。ここがあの部屋かどうかは、窓からの風景を見てすぐにわかりました。今にもミルクマンが電気自動車でやってくるのでは、と思ったほどです。

大きな家に一人暮らしのルーカスさん。彼が出してくれた濃いめのお茶に冷たいミルクを入れたミルクティーは、あのころ毎朝飲んでいたのと同じ味でした。82歳になるルーカスさんと当時の思い出を探るように話しているとき、必死にその英語を聞いている40年前の自分がそばにいるのに気付きました。そのころの英語力では30分程度しか会話が続かず、毎晩、今日こそは、今日こそはとリビングでルーカス家の人たちに話しかけていた、あの私です。

残念ながら、ルーカスさんと過ごせたのはほんの１時間ほどでした。仲間が待つロンドンに戻らなければならなかったからです。駅まで送ってくれたルーカスさんに私は心からの「さようなら」を言いました。お互い、もう会えることはないだろうとわかっていたのです。

英語はいつでも私を初心に返してくれる、大切な存在なのです。

40 英語に出会えてよかった！

最近、40年の重みを痛切に感じています。今年は例年より多くイベントを開催しているせいもあり、新聞などへの登場回数が異常なほど増えました。仲間内から「出過ぎだよ！」と言われる始末です。でもこれらはすべて、40周年のマジックなのだと思います。

記念イベントのひとつとして、12時間教えつづける「英語ハーフマラソン」に挑戦しました。私の体力を心配する声もあったのですが、やっている本人はいたって元気でした。実は授業の最中、私の脳裏にはこれまでのいろいろな思い出が甦っていたのです。年代はバラバラ、何の脈絡もなく、突然頭の中に浮かんでは消え、そしてまた別の思い出が浮かぶ……といったふうで、とても幸せな気分に包まれていました。

例えば、小樽商科大学卒業式でのワンシーン。実方正雄学長の言葉が頭の中でリフレインしました。「風雪に耐えて、大地に根ざした大樹となれ。決して箱庭や鉢植えの枝ぶりのよい盆栽となるな」。ここで人生の指針となるような言葉に出会うことができたのは、果たして偶然だったのでしょうか。

「英語学校をやるのに資格はない。英語教育に情熱があるかどうかだけだよ」英語学校をやりたいと考え真っ先に相談した伊藤四郎さん（江別市）は、私にそう言ってくれました。この情熱を失っ

← 40年間にできた友人・知人が私の財産。こんな可愛いリスとも仲良くなりました。

たときが、私がジョイを辞める日なのでしょう。

この瞬間も脳裏をよぎりました。親の深い愛情を知ったときのことです。ジョイの開校資金700万円は父・浦島甲一が帯広信用金庫から借り、私が父に月々返済していました。ところが父の他界から数年後、真実を知ることに。当時の担当者から「お父さんは、お金は借りていなかったですよ」と聞かされたのです。私に甘えが出ないよう、信金から借りたことにしてくれていたのです。目頭が熱くなりました。

「あなたの職業では社会に貢献することはできない！」ある国際交流団体の面接でこう言われたときは非常にショックでした。ジョイが開校して１年後くらいのことです。当然、試験は不合格。けれどもこのとき目覚めた反骨心が、その後の私の人生で大きな支えとなったのは間違いありません。その試験官に感謝です。

今ではイベントのジョイなんて呼ばれることもありますが、きっかけを作ってくれたのはスリランカからの留学生の奥さんでした。「お金は宣伝や広告に使うのではなく、その分でイベントをやりなさい」そこでジョイ最初のイベント、留学生を招いての「スリランカの夕べ」を開催。これが楽しかった！ その感覚が、今も私の企画・運営の原動力として根づいているのだと思います。

ジョイが世間から最初に注目されたのは、五十川幹くんが小学５年生で英検４級に受かったことです。当時としては珍しいことで、地元の十勝毎日新聞に大きく取り上げられました。小学３年生で大井健新くんが準１級に合格（2011年３月）してからは、どんなことが起きても驚かなくなりました。

英語講師を続けられないのでは……と落ち込んだのは、左目が黄斑変成症になったときです。朝起きると電信柱がぐにゃっと曲がって見えました。それから視界の中心が黒くなり、文字が読めなくなったのです。『１分間英語で自分のことを話してみる』（中経出版、2006年）の最終校正の真っ最中のころで、よもやこれまでか、と思いました。

吉田美和さんがジョイで歌ったこともありました。当時、彼女は高校３年生。バンド仲間がジョイ生徒だったことから一緒にクリスマスパーティーに来てくれ、最後に「これから東京に行ってプロになります！」数年後テレビで彼女の姿を見たときは大感激でした。まさに“DREAMS COME TRUE”（夢は叶う）。あのときの彼女のサインは今でもジョイに残っています。

ここまで順風満帆だったわけではありません。危機は何度もありました。全国規模の英会話スクールが帯広に２校あったころ、イーオンも進出してくるという噂が。そんなとき偶然、東京でのあるパーティーでイーオン社長の三宅義和さんに会いました。思わず「帯広には出てこないでください！」と私。数分後には意気投合し、よい関係は今も続いています。現在、帯広に大手英会話スクールはひとつもありません。

いろいろなことがあった40年。「これから何がしたいの？」とよく聞かれます。答えは２つ。「１年に１日でも２日でも、日本一の英語学校になりたい！」「写真やカーリングで世界に羽ばたきたい！」ジョイのキャッチフレーズ「飛び出せ、世界へ。英語は翼」を、自分でも実践してみたいのです。

英語は、私の人生を変えてくれました。そして、英語はあなたを変えてくれます！

そして、英語はあなたを変える

2016年10月4日　第1刷発行

著　者　浦島 久

発行者　浦 晋亮

発行所　IBCパブリッシング株式会社
〒162-0804 東京都新宿区中里町29番3号 菱秀神楽坂ビル9F
Tel. 03-3513-4511　Fax. 03-3513-4512
www.ibcpub.co.jp

印刷所　株式会社シナノパブリッシングプレス

ISBN978-4-7946-0435-4